/ **100** 位

为新中国成立作出突出贡献的英雄模范人物/

杨 虎 城

陈　锐/编著

★

吉林文史出版社

图书在版编目（CIP）数据

杨虎城 / 陈锐编著. -- 长春：吉林文史出版社，
2011.4（2022.4重印）
（100位为新中国成立作出突出贡献的英雄模范人物）
ISBN 978-7-5472-0548-8

Ⅰ．①杨… Ⅱ．①陈… Ⅲ．①杨虎城（1893～1949）—
生平事迹 Ⅳ．①K825.2

中国版本图书馆CIP数据核字（2011）第050725号

杨虎城

YANGHUCHENG

编著/ 陈锐

选题策划/ 王尔立　责任编辑/ 王尔立

装帧设计/ 韩璘

出版发行/ 吉林文史出版社

地址/ 长春市福祉大路5788号　邮编/ 130118

电话/ 0431-81629363　传真/ 0431-86037589

印刷/ 天津海德伟业印务有限公司

版次/ 2011年4月第1版 2022年4月第6次印刷

开本/ 640mm×920mm 1/16

印张/ 9 字数/ 100千

书号/ ISBN 978-7-5472-0548-8

定价/ 29.80元

《100位为新中国成立作出突出贡献的英雄模范人物》丛书

★★★★★

编 委 会

100 位

为新中国成立作出突出贡献的英雄模范人物

八女投江	于化虎	小叶丹	马本斋	马立训	方志敏
毛泽民	毛泽覃	王尔琢	王尽美	王克勤	王若飞
邓萍	邓中夏	邓恩铭	韦拔群	冯平	卢德铭
叶挺	叶成焕	左权	诺尔曼·白求恩		任常伦
关向应	刘老庄连	刘伯坚	刘志丹	刘胡兰	吉鸿昌
向警予	寻淮洲	戎冠秀	朱瑞	江上青	江竹筠
许继慎	阮啸仙	何叔衡	佟麟阁	吴运铎	吴焕先
张太雷	张自忠	张学良	张思德	旷继勋	李白
李林	李大钊	李公朴	李兆麟	李硕勋	杨殷
杨子荣	杨开慧	杨虎城	杨靖宇	杨闇公	萧楚女
苏兆征	邹韬奋	陈延年	陈树湘	陈嘉庚	陈潭秋
冼星海	周文雍、陈铁军夫妇	周逸群	明德英	林祥谦	
罗亦农	罗忠毅	罗炳辉	郑律成	恽代英	段德昌
贺英	赵一曼	赵世炎	赵尚志	赵博生	赵登禹
闻一多	埃德加·斯诺	夏明翰	格里戈里·库里申科		
狼牙山五壮士	聂耳	郭俊卿	钱壮飞	黄公略	
彭湃	彭雪枫	董存瑞	董振堂	谢子长	鲁迅
蔡和森	戴安澜	瞿秋白			

前　言

　　每个人的心中都多少有一点英雄情结，都向往英雄、景仰英雄。也正因此，在中华人民共和国建国六十周年之际，由中央十一部委联合组织开展的"100位为新中国成立作出突出贡献的英雄模范人物和100位新中国成立以来感动中国人物"的评选活动中，群众参与投票总数近一亿。这其中的每一张选票，都表达了人们对英雄模范的崇敬之情，寄托着对伟大祖国的美好祝福。

　　一个民族不能没有英雄，否则这个民族就不会强大。当国家危难之时，懦弱者选择了逃避、妥协甚至投降，英雄们却挺身而出，用热血捍卫民族的尊严，人民的幸福。在创立和建设新中国的伟大历程中，涌现出无数可歌可泣的英雄模范人物。他们之中，有为了民族独立和人民解放而英勇牺牲的革命先烈，有为了党和人民的事业而不懈奋斗的优秀共产党员，有在全民族抗战中顽强奋战、为国捐躯的爱国将士，有英勇杀敌的战斗英雄和革命群众，有积极从事进步活动的著名民主爱国人士和国际友人……他们是民族的脊梁、祖国的骄傲，是激励全体人民团结奋斗的精神力量。

　　《100位为新中国成立作出突出贡献的英雄模范人物传记》丛书，就像一部星光璀璨的英雄谱，真实、完整地记录了英雄模范人物不平凡的一生，再现了他们非凡的人格魅力和精神世界。"头颅可断腹可剖"的铁血将军杨靖宇，"毫不利己，专门利人"的白求恩，"抗战军人之魂"张自忠，"砍头不要紧"的夏明翰，"俯首甘为孺子牛"的文化斗士鲁迅……一串串闪光的名字，一个个动人的故事，犹如群星闪烁，光耀中华。

　　如今，战火已熄，硝烟已散，英雄已逝，我们沐浴在和平的幸福之中。在和平年代，人们不会忘记为今日的和平浴血奋战的英雄们，英雄的故事永远不会结束。让我们用英雄的故事唤醒我们心中的激情，为中华民族的伟大复兴而奋斗。

生平简介

杨虎城（1893–1949），男，汉族，陕西省蒲城县人，中国国民党党员。

杨虎城出身于贫苦农民家庭，早年投身行伍，参加过辛亥革命和护国战争。1930年后，所部改编为国民革命军陆军第十七路军，任总指挥。同年10月后，任陕西省政府主席、西安绥靖公署主任。1933年，与红四方面军订立互不侵犯协议。1935年11月，当选为国民党中央监察委员。通过南汉宸、汪锋与中共中央建立直接联系，商议建立抗日统一战线问题。1936年，和中共中央达成秘密合作协议。同年12月12日，同张学良一起发动西安事变。事变发生以后，中国共产党坚决主张用和平方式解决事变，并派周恩来等为代表到西安帮助张、杨正确解决事变。经过多方努力，蒋介石接受了停止内战，一致抗日主张。西安事变的和平解决，成为时局转变的枢纽，粉碎了亲日派和日本帝国主义的阴谋，促进了中共中央逼蒋抗日方针的实现。从此，十年内战局面基本结束，国内和平初步实现，为在抗日前提下国共两党实现第二次合作创造了条件。西安事变后，杨虎城被蒋介石逼令辞职，"出洋考察"。全国抗战爆发后回国，随即被国民党政府拘留，先后被囚禁于湖南益阳、贵州息烽、重庆中美合作所等地。1949年9月，在重庆中美合作所被国民党特务杀害。

1893-1949
[YANGHUCHENG]

◀ 杨虎城

目录 MULU

护国护法 / 027

袁世凯窃国称帝。率义军截击陕西将军陆建章部于华阴地区。学习知识，了解中国政治形势，接受三民主义，入靖国军。

22-24岁

■革命旗帜不倒（1917-1928） / 035

主靖国军 / 036

24岁，陕西靖国军成立，率部参加。28岁，受命于靖国军第三路司令。

24-28岁

蛰居陕北 / 040

与军阀混战，后率部转进陕北，住榆林休养，结交挚友，思考革命。

29岁

回师关中 / 046

派姚丹峰赴沪见孙中山报告请示，出席国民党第一次全代会，任陕北国民革命军前敌总指挥。国共合作挥师南下关中。国民第三军孙岳率部入陕，为陕西督办。杨虎城部编为第三军第三师，任师长。

30-32岁

坚守西安 / 052

不畏强敌矢志坚守西安孤城，苦战八月遥应北伐，欢庆胜利。

33岁

出关北伐 / 067

率军出关北伐，任国民军联军东路军前敌总指挥。大革命失败，形势恶化更见与共产党合作真诚。入党未果。

34岁

悼念英魂 / 123

英魂不朽，八方悼念志哀，精神永在，继承
爱国遗志。1950年，杨虎城被安葬于西安
南郊。

"西安将军"杨虎城(代序)

1949年是新中国的起点。这一年发生了很多事。经受了12年囚禁生涯的杨虎城，在这一年被国民党特务暗杀于重庆。

1936年，由杨虎城和张学良共同发动的西安事变，瞬间叫停了一场即将一触即发的大规模内战，国人的枪口开始一致对外，在侵略者面前筑起一道全民族空前团结的统一战线。西安事变改变了中国历史的进程，为抗日战争的胜利奠定了基础。

杨虎城、张学良两位将军，在历史战乱的旋涡中，出于爱国的赤诚、善良的愿望，冒天下之大不韪，"敢把皇帝拉下马"。但他们的结局也必然是悲惨的，一位被幽禁55年始获自由，另一位则以一家四口殉难而告终。

后者便为本书传主杨虎城将军。他自陕西关中平原东北部一个曾经不为人知的小村落走出，一直到他率领十七路军保一方安宁，甚至到最后在西安事变中从举世瞩目的最高点转身走出历史的视线，都与西安这座古城有着千丝万缕的命运相吸的关系。与张学良的"东北"少帅一样，西安亦是杨虎城人生履历上一个特定的坐标符号。"西安将军"是本书对传主的定位，是后世对这位千古功臣的庄重凝视。

杨虎城将军生前曾说过，他一生做了三件事：一是除掉李桢，二是"西安围城"，三是"西安事变"。这样的一个归纳，恰好划分出了他从一个开始只知道为家族报仇的血性少年，到后来勇于为一方百姓担当的地方领袖，最终成为爱国爱民、追求真理的民族英雄的几个阶段……

15 岁推着父亲遗体跋涉百里回乡。16 岁被穷人推举为"中秋会"首领。21 岁提枪上街打死一方恶霸，成为一名"关中刀客"。22 岁追随孙中山参与护国护法运动。24 岁率领靖国军革命旗帜不倒。33 岁坚守西安。34 岁出关北伐。37 岁受任陕西省政府主席。43 岁与张学良发动震惊中外的西安事变。45 岁开始长达 12 年的囚禁生涯。56 岁(1949 年) 被国民党特务杀害于重庆中美合作所。

我们去寻找杨虎城将军的生命轨迹，体会英雄背后已凝固成历史片段的恢弘过往，更加贴近地读取这位伟大英雄人物对后世的精神指引。

杨虎城将军的一生是革命的一生，他从旧民主革命转向新民主革命，进而与中国共产党两次合作，终于在中国共产党抗日民族统一战线的感召之下，发动了西安事变，"推动全国一致抗日，有功于国家民族"。这位为中国人民的革命事业作出了重要贡献的著名将领，后来终被蒋介石反动派杀害，堪称"千古功臣"，其业绩永为流传。

西安事变虽然已经过去七十多年，但"西安将军"杨虎城所带给我们的革命精神和对意志的护佑，久久留存于今天所有珍爱和平、倡导友爱的人们心中。从而让我们更加坚信，以人为本的历史车轮转动，终将碾碎那些独裁者的强权施加、主观意愿，而为民心和正义所控制和逆转。

关中出生地

(1893—1916)

→ 蒲城旧事

★★★★★

上世纪初，当中国几千年的封建社会行将崩溃之时，八百里秦川之一隅，一个贫苦的青年农民在水深火热中煎熬。他，就是后来著名的爱国将领杨虎城将军。

追溯英雄的出生地，我们去饮渭河水，吹西北风，在那些地地道道的关中农民眼中和口里，听一听英雄的乡音，沾一沾英雄的乡土，试想英雄还在的一种别样遇见。

通常，一个打富济贫的"刀客"，在某种历史条件下，会终生作为梁山泊式的好汉，为穷人所称颂。而在成为这种"刀客"之后，并有可能走向"梁山泊式"的道路之前，少年杨虎城则以不同常人的眺望、审势、转身、坚定行走，一度站在了中国历史的一个横截

△ 杨虎城蒲城老家的故居

面的核心点上。

当所有人的目光都注视到他，当所有人的这种注视的目光一代代相传，杨虎城的出生地——蒲城，注定成为一种泛黄的旧事风景，供络绎不绝的人世代参访关照。有时，那小城，更像一棵四季轮回里的小树，转一圈遇到一些人一些时代，再转一圈，又换到另外一些人和下一个时代。如此往复周旋，时至今时，历史的天空还在，而诸多人事已非。

在一百多年前的关中蒲城，一个 15 岁的少年，刚强、豪爽、嫉恶如仇。在父亲被清廷杀害的巨大打击之下，没有被击垮，唯一做出的反应就是向命运抗争。自救和救人似乎成了杨虎城一生的责任和义务。"中秋会"这种带有帮会色彩的组织，实际上是辛亥革命前后全国各地众多民间革命团体的早期形式之一。而"刀客"这个广泛流传在渭北民间的说法，更增加了杨虎城早年义胆侠气的传奇色彩。1911年的辛亥革命，唤醒了一个注定要像鹰一样展翅高飞的少年——杨虎城，从此开启了他追求真理的一生：讨袁护法、北伐战争、西安围城，直到西安事变……

"时势造英雄"，辛亥革命后中国社会的极度动荡和分化，三民主义以至马克思主义这些革命思潮的汹涌澎湃，把一个出身蒲城的"关中冷娃"——杨虎城推上了历史的舞台。

→ 出身贫寒

★★★★★

（0—13 岁）

1893 年 11 月 26 日，杨虎城出生于陕西省蒲城县东南乡甘北村一个贫苦的农民家中。

1893 年出生的蒲城娃杨虎城，小名长久，乡人称他为杨久娃。长大参加革命活动后，先后给自己起名为忠祥，后又改名为虎冬、虎臣、虎城。

甘北村地处黄土高原，是个贫瘠的小村庄，当地由于缺少水资源，吃水都要靠打十几米的深井，这样的井水往往含高氟物质，因此甘北人多为黄牙齿。这样贫瘠之地，农业生产完全靠"天"吃饭，落得个地广人稀，杨虎城出生时全村只有十几户人家。

杨虎城父亲杨怀福，母亲孙一莲。在

杨虎城出生前后，杨怀福家虽有四五十亩旱地，四间简陋房舍，但地处黄土高原，常年少雨缺水，收成不丰，家境贫穷。好在杨怀福会做木工活，平时以种田为主，抽空便做一些农具和木质小东西如板凳、小桌之类，逢集市时拿到附近的孙镇（距甘北村四五华里）去卖。后来还在孙镇上开了一个小木器铺，使得家里的生活得以维持。

1898 年，杨家又添新丁，便为杨虎城的弟弟，名茂三，亦名虎荣。那一阵子，一家四口日子倒还过得去。

给人民以起码的足食和安定，天下太平不仅仅是一种梦想。谁料却正应了那句"天有不测之风云"——转眼到了 1900 年，便是历史上那个乱世里的多事之秋。

1900 年，关中地区连遭数年大旱，庄稼几乎颗粒无收，人民温饱无从保障，木工活更是无人问津。杨怀福一家的生活每况愈下，困难重重。

同年，义和团运动揭开序幕并迅速发展壮大，势如燎原烈火，很快掀起了一场席卷中国北部的反帝爱国运动。

还是在这一年，八国联军攻占北京，慈禧太后一伙弃皇城逃到西安，所过之处，各府县为"迎驾"与送太后"回銮"，广征"皇粮"、拉"皇差"，极尽搜刮掠夺欺压之能事，使人民生活更加困苦，积怨更加沸腾。一时间，放眼整个中国大地，列强的欺凌、京城的丢失、清政府的腐败无能等等纷纷暴露无遗……童年的杨虎城和家人，就生活在这样一个中华民族内外交困、危机四伏的环境中。

如果说，少年还不足以知忧国忧民的愁滋味，在当时则不尽然。

穷则思学，以学求变。杨怀福没有读过书，是个文盲，但他一心想让自己的孩子能读书识字，起码能学会记个账。当杨虎城 10 岁的时候，父亲为使儿辈的境况有所改善，曾送他到本村的私塾就读。杨虎城在私塾学习非常努力，在短短的

▷ 义和团青年战士

两年时间里，粗识了文字，开启了另一扇认识世界的门。后终因家庭贫困所迫，中途辍学。以至于后来成为一名带领自己的部队驰骋战场的将军时，杨虎城深切感知学习文化知识的重要性，是为一种终生携带的情结。

少年杨虎城，天生聪慧，为乡人刮目相看，逸事广为流传。

在他 12 岁时，一天他母亲突然得了急病，而父亲此时去 30 里外的村子赶庙会了。他一个人跑了 30 里路赶到了庙会上，一看庙会上同时唱着两台大戏，戏台下，看戏的人山人海。上哪里去找父亲呢？真是急人。当他看到戏台的角上站了一些孩子时，忽然眼睛一亮，急中生智挤开看戏的人群，爬上戏台，站在台上举起两个胳臂不停地挥动，引起了人们的注意。"谁家的孩子，在台上干什么？"他父亲这时也看到了自己的儿子，就挤出人群找到杨虎城，问明情况后父子俩一起赶回了家。

还有一次，杨虎城和小伙伴一块儿到河边去打草。当时河对岸有一头牛正在吃草。杨虎城向对岸看了一会儿，突然对同伴们说："我敢保证那头牛左眼一定有毛病，可能是瞎了。"伙伴们听了都不相信，说："明明看见牛眼长得好好的，你怎么说它左眼瞎了呢？"大家经过一番争论决定要与他打个赌，如果杨虎城说对了，大家就把打的草都送给他。当他们派一个孩子游过河对岸看过后证实，那头牛的左眼的确是瞎了，大家都很惊奇，纷纷追问杨虎城怎么知道牛的左眼一定有毛病。杨虎城神秘地一笑，说道："你们仔细看，那头牛只吃它右边的草，左边的草那么好，它却一口也不吃，就说明它左眼一定有毛病。"大家一听都服了，杨虎城的遇事喜观察、爱分析、善推断成了乡里乡间对他公认的长处。

杨虎城长到13岁，不得不去孙镇的一家小饭铺当童工。按照当时当地的习惯，这种初来乍到的小童工，雇主除供吃饭外，根本不付给工资，甚至连衣服鞋袜都是自己家里供给。但尽管这样，对于杨家而言，也总算是解决了一口人的吃饭问题。

13岁的杨虎城，在小饭铺的主要工作是拉风箱（那时要有大火煮饭，都是靠风箱向炉内送风来助燃的）。这个烧火娃的活在饭铺中可说是最差的活了。夏天日子最难熬，太阳像个大火盆，挂在半空中，烤得黄土地都要冒烟。一般的孩子都在家乘凉，可杨虎城却要坐在灶火前，一边不停地拉动几十斤重的大风箱，一边不时地要往灶内添煤。除此之外，他还经常要干一些擦桌子、扫地的杂活。艰苦繁重枯燥的劳作，使杨虎城品尝到了生活的艰辛与社会的不公。

有一天，一个神气十足的人大摇大摆地进了小饭铺。恰逢平时负责接待顾客的堂倌没在，厨子做好了饭菜就让杨虎城端了过去。也许是等的时间长了些，那个人发起火来。当杨虎城把饭小心翼翼、恭恭敬敬地刚放到桌上时，那个人却"啪！啪！"打了杨虎城两个耳光。像这样的事情，在小饭铺、在杨虎城身上时有发生，但为了生存，只能忍受。压迫与欺凌给年幼的杨虎城留下了深刻的烙印。

孙镇在当地是个商业中心，逢集赶会的日子人很多，形形色色甚是繁荣。过往的人来饭铺吃饭时说东论西，有谈生意的，有说乡间趣事逸闻的，还有议论时政的。杨虎城是个求知欲很强的孩子，他虽然忙于手里的活计，耳朵却不闲着，时常留意倾听着客人们的谈论，从中了解外面的世事。后来当杨虎城提起当童工时的经历总是颇有感慨。他认为，小饭铺为他提供了一个了解社会、增加社会知识的场所，在那里他第一次有机会听到了许多在村里听不到的消息，见到了形形色色的人们，增加了许多社会知识。因此，他曾说："饭铺也就是我少年时期获取知识的一个学校。"从一定意义上讲，小饭铺的经历锻炼了杨虎城坚忍不拔的性格。

就是这样一个出生在乱世、家境贫寒的普通农家的孩子，日后曾率不足万人的队伍顶住十万敌军的强大攻势，保住了西安古城；他的军队，以地地道道的陕西关中地区的青年后生为核心力量的西北雄师，曾经血洒山西，挫败日寇，保八百里秦川无虞！

→ 投身革命

1907 年，在杨怀福一家为生活艰辛打拼时，一天他被官府捉拿进了县衙。对此事因，有两种说法：一是杨怀福看到周围乡亲们同样辛苦度日，而官府不管百姓死活横征暴敛。因此，不满现状的想法越来越多。遂参加了"哥老会"从事反清活动，后被人告发被捕。二是因私仇被清政府逮捕后杀害。这一说法，据说是杨虎城 1934 年给西安绥靖公署步训班第三期学员讲述自己的家史时提到的。

杨怀福的被捕，使得全家生活的重担一下落到年幼的杨虎城身上。他只好从小饭铺辞工出来，一面设法维持母亲和弟弟的生计，一面还要到县城去探视被押在县衙的父亲。就这样苦熬了一阵，一天，传来了杨怀福被押解到省府西安的消息。面对这突然的消息，母亲焦急万分不知如何是好。杨虎城感到问题严重，提出要立即去西安。到西安，既便于就近打听消息，了解案情，也可就近去狱中探望照顾父亲。母亲虽觉得儿子年幼不放心。又无其他办法，只好由他去了。杨虎城背了些干粮和几件换洗衣裳，手里还拿了一根棍子，干粮用以充饥，棍子用来防身打狼（当时蒲城一带荒僻狼多）。那时他还不满14岁。

甘北村距西安有二百多里，杨虎城到西安后住进西安二府街的蒲城会馆。为了生存，他除了义务给会馆做些杂务，还在外面打一些零工。为使父亲在牢里少挨饿，他每天都要去位于当时吕祖庙旁的监狱送一到两次饭，这种情形延续了一年多直到杨怀福被杀害。父亲认为把他解到省里来恐怕是凶多吉少。他希望杨虎城孝顺母亲，抚养幼弟……这生离死别的情景，杨虎城始终铭记。1934年在他主政陕西时，曾带自己的长子杨拯民，专门去当年关押父亲杨怀福的监狱去怀旧。

1908年5月31日，杨虎城的父亲杨怀福被清政府以绞刑处死于西安。"西安"以一个终生难忘的印象印刻在少年杨虎城的头脑中和命运里。

杨虎城满怀悲愤，向会馆借了一辆独轮手推车，披星戴月一步步地将父亲的遗体推回甘北村。从此在他的心灵里埋下了反抗清王朝统治的种子。

15岁的孩子一夜之间长大了，杨虎城奔走百里扶父亲灵柩归葬，情形极为凄惨，引来观者及乡人声声无助的叹息。尸首搬回家后，又由于没钱买棺木装殓，无法安葬。农历五月，天气渐渐热起来，尸体不能停放太久，此情此景，真是又悲又急。当时，村里的乡亲们都正忙着麦收的准备工作，但大家出于对杨家弱儿寡母的同情和对官府的愤恨不满，纷纷出力出物鼎力相助，总算把杨怀福草草

▷ 当年的"蒲案"学生会会长雷宗诚

埋葬了。丧事虽简单但气氛热烈，全村乡亲出动，场景十分感人。这件事使杨虎城深受感动与启发。他认识到，只有穷人才能理解穷人的苦楚和需要，在关键时刻伸出热诚助人之手。

穷人家的孩子早当家。此后的杨虎城，除要维持一家人的基本生计之外，还必须偿还父亲生前死后的债务。生活煎迫，前路迷茫，艰难度日，危机四伏。

父亲横遭杀害的痛苦，生活上不堪重负的压力，使杨虎城心中对清政府昏庸腐败及残酷压榨农民的仇恨越来越深。

是种子就要发芽，遇到合适的阳光和季节的召唤，不日便可根繁叶茂。

1908 年 10 月，蒲城县发生了震惊中外的"蒲案"。它比五四运动早了 11 年，是中国近现代史上最早的一次学生运动，对辛亥革命产生了直接影响。在陕西它甚至是清王朝灭亡的前奏曲。

事情的起因是这样的：蒲城县高等小学的师生在陕西省同盟分会的领导下，和满清的腐败县衙进行了反专制的多次斗争，当时师生们要求自治，知县李体仁不允许。当年的"蒲案"学生会会长是雷宗诚，师生反对县衙安插反动分子到学校任教，李体仁从中施压。

蒲城一批进步知识分子，在陕西著名的同盟会领袖井勿幕的策动下，成立了教育会，宣传革命，遭到李体仁的残酷镇压，逮捕了若干学生，并加以毒打，有一名学生因伤重致死。"蒲案"

▷ 井勿幕

一时轰动了陕西全省教育界和学生界乃至旅居北京的陕西人士，各方均纷纷予以声援，要求惩办凶手。"蒲案"最后以李体仁被撤职而告终。继任的知县不敢再加压制，因此这一地区的人民反清革命情绪和宣传活动持续高涨。人们公开反对官府，并且取得一定的胜利。

"蒲案"用数十名师生的血泪擦亮了广大群众的眼睛，大家醒悟到：原来知县大人是可以反的，省上的提学大人的老虎屁股是可以摸的，甚至统治了几百年的清朝政府也是可以动摇的。

这对有仇恨清朝政府思想、生活困苦的青年农民杨虎城来说，不能不是一个极大的震动。

客观来讲，杨虎城并不是"蒲案"的直接参与者，但他当时恰巧有事进城，目睹了蒲城高小师生在关帝庙被殴打的惨景，师生门一边被打一边高呼口号抗议。"蒲案"点燃了杨虎城的革命激情。正如杨虎城后来自己说的："我之投身革命实自蒲案始。"

杨虎城的最初革命之举，起源于"孝义会"。

杨虎城在父亲惨死后，为了营葬，和本村七户农民成立了一个丧葬互助合作组织"孝义会"。按照当时当地的习俗，一般有老年父母的穷苦农民，为了父母的丧葬互助，约同一些志同道合而家庭经济情况又大致相同的人家联合起来，规定某一家父母去世之后，其余各家每家拿出一定数目的钱来，帮助治理丧事。

杨虎城的"孝义会"除进行上述的盟约互助外，还进行过几次抗捐抗债活动，获得成功后，激励了当地农民的反抗勇气。人们的胆子大了起来，许多人纷纷要求参加"孝义会"。到1909年8月"孝义会"已经发展到百余人。随着人员的增加和抗争内容、斗争形式的变化，成员们认为"孝义"已不能再概括这个组织的要求了，于是集会商议发展大事，首先便是改变"孝义会"的名称。1909年农历八月十五这天早上，"孝义会"的成员陆续聚集到了甘南村大郎庙前的一个高地上。当杨虎城到达时，已先到了上百人，他们在会场当中摆了一张木桌。集会中，在推举领头人时，大家鉴于杨虎城去过省城，有见识，遇事沉着、果敢、不惧头，又能体恤他人疾苦，就一致推举杨虎城当领头人。

面对众人的推举，杨虎城说："要我当头儿可以，但咱们一定要立些规矩，定些条条，要有组织有纪律。"大家同意了他的提议。杨虎城说："第一，今天正是八月十五中秋，这个会就叫'中秋会'。第二，'中秋会'的宗旨是打富济贫，打强扶弱。第三，要严明纪律，见义勇为，不准欺凌妇女。第四，同生死，共患难，坚持到底。第五，要服从命令，听从指挥。第六，不准泄密，破坏组织。违者开除。"这样，一个由丧葬互助开始的农民自助组织，在时代大潮的推涌下演变成了与旧社会制度抗争的、具有一定规模与纲领的农民团体。此外，"中秋会"还寓意着"驱逐鞑虏，恢复中华"的反清思想。杨虎城为便于领导，将"中秋会"分为两个层次进行管理。由他直接领导八个骨干，由这八个骨干再分别去领导十几人。这样，"中秋会"成立后很快就形成了严密的组织系统。又因之确实为穷人撑腰办事，传播较迅速。

　　蒲城东乡一带的农民纷纷要求加入"中秋会"，会员们也都要求扩大组织。后来经过全体会员商议决定：允许一个会员最多能介绍十个人入会，而且必须是贫苦农民，未婚的青年。这样一来，"中秋会"会员到辛亥革命时已发展到了八百人以上。从"中秋会"的发生发展，以及到后来产生一定的影响力来看，杨虎城在这一过程中领导权的取得，完全是依赖他过人的聪慧、非凡的经历、尊重他人的民主作风而确立的。由于他鲜明的阶级性、非凡的组织领导才能，少年杨虎城在抗捐抗暴的斗争中逐渐成长为当地青年贫苦农民拥护的农民领袖之一。这时他刚刚17岁。

当一个少年成长为众人的核心，尤其正值时

▽ 开天辟地的辛亥革命在中华大地上蓬勃而起
（图为人民英雄纪念碑上的武昌起义浮雕）

局动荡，统治阶层昏庸腐败，他便必然会由民间领袖成长为一方势力，所持有的思维模式也愈来愈趋近于革命者。

辛亥革命前夕，陕西局势愈发动荡。蒲城县地属省东的四大县（蒲城、富平、临潼、渭南）之一，政治感觉敏锐，特别是经过"蒲案"，各种政治势力都在积极组合。

1911年10月22日，继武昌起义后，陕西爆发了反清革命。杨虎城率领"中秋会"一部分人参加了辛亥革命的队伍，与清军作战。

此后两年间，杨虎城一直在为了一个梦想而战斗。他以为路途遥远却尚可期待，他以为期待的力量可以支撑他走一段很远的路，他以为……然而事实告诉他，这样的失望和期待的戛然而止不知道以后还会有多少。

辛亥革命是指发生于中国农历辛亥年（清宣统三年），即1911年至1912年初，旨在推翻清朝专制帝制王朝，建立共和政体的全国性革命。狭义的辛亥革命，指的是自1911年10月10日（农历八月十九）夜武昌起义爆发，至1912年元旦孙中山就职中华民国临时大总统前后这一段时间中国所发生的革命事件。广义上亦可指自19世纪末迄辛亥年成功推翻清朝统治在中国出现的革命运动。作为民主革命，辛亥革命成功推翻了清朝的统治，结束了中国的帝制，开启了民主共和新纪元，使共和观念深入社会中上层人士思想中。作为民族革命，辛亥革命的成功也对中国国内的民族关系及同时期亚洲其他国家的民族解放运动产

◁ 中国革命伟大的先行者孙中山

生了重要影响。辛亥革命前后的一系列事件不仅结束了此前立宪派实行君主立宪的努力，而且对此后中国宪政与法治发展、中央及地方政治、中央与地方关系等都起到了关键的影响。

　　但事实上，从另一个层面上讲，辛亥革命虽然推翻了清政府的统治，但没有给农民以真正的利益，农村的政治经济情况，没有任何改善。比如在农村，地主恶霸与官府对农民的压迫剥削没有丝毫减轻，广大农民依然挣扎在贫困线上。加之大部分革命队伍由于没有正确的领导，内部很是腐败。所有这些对于抱着满怀改变农村状况希望参加辛亥革命的杨虎城来说，感到莫大的持久的迷茫。他一面不断地思考，一面不得不为一家人的生活而寻找出路。

1913 年，20 岁的杨虎城退伍还乡。至少在那一刻，杨虎城希望归于乡舍，凭借自己的劳动来赡养寡母和幼弟。

杨虎城退伍回乡后，在邻村的大路边开了一家小客店。这个所谓的客店也就是两间破房，屋里摆几张破床，为过路的行人（挑夫、小贩等）提供一个落脚休息的地方。由于他有眼力，地点选择得好，人又勤快实诚，小客店的生意还算得上红火，这引起了当地恶霸地主的妒忌，他们想方设法要把杨虎城挤走，霸占他的生意。一天晚上，村里发生盗案，当地恶霸地主硬说盗贼住过杨虎城的客店，逼迫他关闭了小客店。客店关了，家里又无地可种，为了一家生计，杨虎城再次来到省城西安。找到在西关当兵的同乡韩寅生，通过他在军营里先谋了一个伙夫的差事。后来又被补进军队领了一份军饷，靠这份军饷杨虎城养活着家人。再后来，杨虎城不愿随所在部队去攻打当时有名的反袁义军白朗，再度返乡。

→ 反抗暴政

★★★★★

（21 岁）

　　返乡后的第二年，即 1914 年，杨虎城 21 岁。后来他表述自己一生中做过的三件事中的第一件——"除掉李桢"中的李桢出现了。

　　东南乡有一名叫李桢的恶霸，此人本是前清武秀才，仗着背后有陕西军警撑腰，在蒲城县勾结县衙，包揽诉讼，手下还豢养了一批打手，帮助地主富户收租逼债。据史料记载，李桢逼债轻则打骂，重则拆房，强夺民女，霸占田产，穷人见他，莫不屏息避躲，不敢高声。

　　1914 年夏收后的一天，李桢率领流氓打手到杨虎城姑母居住的村庄讨债，适杨虎城因事在姑母家。李桢进村后，全村惶恐不安。

一位姓王的农民，因还不起债务，被李桢的打手们吊在树上活活打死。目睹惨状的村民恐惧不安，不知灾祸何时降临到自己头上，他们找到杨虎城，哭诉着请求这位"中秋会"首领给他们做主。杨虎城听了情况，丢下一句话："只有干掉李桢，别无办法！"

新麦上市后的一天，杨虎城获得确切消息，李桢正在孙镇为一家粮店店主收债。他立即操起借来的"马拐子"枪（骑兵步枪，没有长枪托，枪管较短）直奔孙镇街上。

这天，恰逢孙镇赶集，街上人来人往，热闹非常。杨虎城将枪藏在套裤里，不慌不忙走进那家粮店。他以给李桢送信为由，从店里伙计打听到李桢正在柜房里。他径直进了柜房，看见炕上正躺着两个人，都在抽大烟。杨虎城怕杀错人，就面不改色心不跳，沉着问话："哪位是李桢先生？我给他送封信。"炕上的李桢立即坐起，对杨虎城说："我是李桢，把信拿来。"杨虎城看准了人，一把从套裤里掏出枪来，对准李桢扣动扳机。

李桢登时栽倒在炕上，旁边那人早已被这场面吓得缩在炕角，浑身直打哆嗦。杨虎城从容地从李桢身边抽出一把手枪，跨出粮店，来到街上，在人们一片惊愕声中扬长而去。

"李桢被杨久娃打死了"！这一消息轰动了蒲城县，震动了官府："杨久娃这么大胆！了得？"老百姓则无不拍手称快："久娃给咱把害除了，真是解气！"官府又惊又怕，随即展开搜捕、通缉。然几经捉拿，杨虎城终在乡亲们的掩护下得以逃脱。他有家不能回，终日四处躲藏。也正因此，他在陕西东府（西安以东地区）一带名声大噪，一时间很有影响。

在逃避官府追捕的同时，杨虎城集合起"中秋会"的一些青年成员（这些成员遂脱离了生产），专门从事打富济贫的侠义行为。他们开始在"中秋会"的基础上组建起一支农民武装，百姓称他们为"刀客"，官府诬称其为土匪。

关中刀客，主要是破产失业的城市小生产者，以及被地主恶霸压迫陷害、含冤莫申、走投无路、手刃仇人、逃避追捕的人们。辛亥革命前，他们在渭北地区已形成为与清政府在陕官吏的一种对抗力量，并在辛亥革命中起了一定作用。杨虎城和他的追随者，开始只有十几个人，几支土枪，大部分人还都用刀，条件非常艰苦。

一天，有消息说，蒲城县有一批税款要送往西安，杨虎城就带领他的弟兄，趁黑夜截获这批税款。有了这笔钱，除维持他们漂泊不定的生活外，还买了一支"曼利夏"步枪，并逐渐地发展到有了十几支枪。他们从不抢劫老百姓的财物，活动经费都是从地主豪绅那里强"借"来的。他们经常以"请客吃饭"为名，摆上一桌饭菜，将地主豪绅"请"来。杨虎城对"客人"们说："现在我们闹革命没有钱，需要向大家借一些，等将来革命成功了，一定加倍偿还。"借来的钱，杨虎城总是让别人保管使用。他对弟兄们说："钱的问题，我不沾手。大家的钱大家用。"

为坚持和扩大斗争影响和持久战斗力，杨虎城还经常联络各村的"中秋会"会员。一天，当他去一个村子进行联络时，不慎走漏了消息，他们十几个人被当地的一百多名军警包围了。在杨虎城的指挥下，他带领的人顽强抵抗，终于冲出了包围。杨虎城的左臂负了重伤，一名姓李的弟兄手腕被子弹打穿，幸好一位会中医的和尚为他们疗好枪伤。当时和杨虎城一起"打富济贫"的都是一些被地主恶霸压迫得无法生活的贫苦农民，如杨娃子、韩年、傅镇江、高汉卿等人。他们就这样和警察周旋，偶尔也缴获一些警察的枪支，壮大自己的武装。

到了1915年，他们在当地农村已聚集起数百之众，拥有长短枪、大刀、长矛等武器百余件。杨虎城将队伍编为三个连，自任营长，孙仓浪任营副，仍沿用"中秋会"的会规。另外还规定了部队平日一律不得扰乱市面，队伍所到之处，除农民供给的粮食外，其他给养都从打土豪和袭击官府所得。由于保护了工商业，又不骚扰群众的正常生活，杨虎城的队伍得到当地群众的好评与支持，力量不断壮大，官府也越来越拿他们没有办法。

流亡、等待时机、寻找方向，杨虎城和他的队伍流浪于蒲城、大荔、朝邑、郃阳一带。这样的日子不知还要持续多久，未来等待他们的又是什么？

当时，在蒲城东乡永丰川一带抢劫百姓、为害乡里的高林股匪活动猖獗，管辖东乡的孙镇区长孙梅臣无能为力。鉴于杨虎城在当地的影响和武装实力，经孙梅臣举荐，杨虎城任蒲城东乡民团总团长，管辖东乡12个分联。杨虎城任团总后，与李子高、李云成等率民团百余人，消灭了高林股匪，为地方除了大害，农民生活得以安定。

青年时期的贫苦动荡、颠沛征战的生活，在杨虎城的记忆中留下了深刻的印象。他痛恨这个极端贫困和不平等的社会。他不愿匍匐在可悲的命运里，他要通过造反去探求自己和社会的未来。

→ 护国护法

★★★★★

（22—24 岁）

当杨虎城以一身"刀客"的行装辗转流徙时，声势浩大的辛亥革命所取得的革命成果已然被袁氏势力所掠夺，时局的糟乱局面陆续显露出来。护国护法运动，是对一反历史车轮转动的倒行逆施进行的一场大追剿和大批判。

历史有时就像一场站错了位的多幕剧，时间就是那个幕后的导演，虽然一言不发，但是它一秒钟一秒钟地走下去，那些错位的事物终将被调整到它们应该存在的位置上去。

辛亥革命虽然建立了中华民国，但以袁世凯为首的北洋军阀篡夺了革命果实，建立了代表大地主买办阶级的反动独裁政权，中国人民仍然处于帝国主义、封建主义、官僚资本主义这三座大山的重压之下。

　　袁世凯于 1912 年（民国元年）3 月就任第二任中华民国临时大总统后，1913 年 3 月派人刺杀国民党领导人之一的宋教仁，导致同年 7 月孙中山等国民党人发起二次革命，讨伐袁世凯。袁世凯的北洋军击败各省军队后，宣布解散国民党，胁迫国会选自己为正式大总统。1914 年 1 月袁世凯将临时约法改为中华民国约法，在 12 月间修改大总统选举法，改总统为终身制。1915 年（民国四年），袁世凯宣布复辟帝制，将民国五年（1916 年）改为"洪宪"元年……一时间，各地纷纷起兵讨伐袁世凯，爆发了声势浩大的护国战争。

对于政客而言，革命是一种理想，是一种事业，甚至可以是一种国家、民族高度上的意义破立。而在老百姓的眼里，当他们接受并跟随革命，通常不过就是为了最基本的生存口粮、一身可以遮体的粗布衣裳。因此，当战火纷起、生灵涂炭，当时局一日复杂似一日，孙中山先生为了卫护革命成果、阻止封建复辟，发起讨袁号召，又一场轰轰烈烈的革命浪潮在所有有着爱国意念的民众间展开了。

这一期间，先后有李烈钧于 1913 年 7 月 8 日回到江西湖口，成立讨袁军，宣布江西独立，并于 12 日向进驻九江的北洋第六师发动进攻，拉开了二次革命的战幕。7 月 15 日，黄兴在南京宣布江苏独立。随后安徽、上海、广东、福建、湖南以及重庆等地也相继宣布独立，加入讨袁行列。以江西、江苏为主要战场的二次革命全面爆发。但是，讨袁军仓促上阵，孤立无援，连国民党的多数议员都还在北京留恋议席，因此，这场革命很快就遭到挫败……及至后来南京第八师等部下级军官及士兵重新举起讨袁的大旗，于这一年的 8 月 11 日宣布恢复独立，士兵们义愤填膺，人自为战，与重兵云集的北洋军展开了顽强的血战。9 月 1 日南京失守，二次革命宣告失败。孙中山、黄兴、李烈钧等逃亡日本。

二次革命是一场保卫辛亥革命成果的战斗，孙中山等革命党人继承了武装斗争的光荣传统，不畏强权，英勇奋战。但它的失败也充分暴露了资产阶级领导的革命运动的软弱性。

二次革命后，再次流亡日本的孙中山，改组同盟会，建立中华革命党，发起护国、护法运动。

1915 年，杨虎城 22 岁，此时的陕西义军亦将矛头指向袁世凯的爪牙——陕西将军陆建章，杨虎城部亦参与其中。

陆建章在任期间，大肆屠杀革命党人、进步人士及广大群众，被称为"陆屠伯"。1915 年秋，为逢迎袁世凯复辟帝制，陆在西安物色文人写劝进书，并令各县旅省人士冒充各县代表签名。同年 12 月袁世凯称帝，陆因劝进有功而被册封为一等伯爵。

陆在陕的作为激起各方人士的不满与义愤，陕民多次爆发"反袁逐陆"运动。

1916 年初，陕西革命志士成立陕西护国讨袁军，讨伐陆建章。2 月初，护国讨袁军郭坚所部自交口镇进抵延川县城，前锋至贺家湾一带，大部分在县城宿营，人烟寥寥的县城逃匿一空。县立完全小学（高小）住宿的一个讨陆军首领在黑牌上写道："吾军专为逐陆革命起见，如有焚杀淫掠者，即以军法从事。"部队途经延川，号令严明，秋毫无犯。

杨虎城的人马在讨袁的战斗中表现英勇，迭获胜利，成为一支战斗力很强的武装力量。讨袁军事胜利结束后，陕西整编军队。1916 年，杨部被编为陕西陆军第三混成团王飞虎（银喜）

部第一营，杨虎城任营长，进驻大荔县。

讨袁军事胜利后，陈树藩窃取了陕西军权成为陕西督军，隶属于北洋军阀段祺瑞系统。陈树藩在陕西横征暴敛，镇压人民，并奉段祺瑞命搜捕在陕西的同盟会会员李岐山等。李岐山等逃至杨虎城军中，共策反陈。陈树藩勒令杨虎城将李岐山等交出，杨虎城拒不从命。陈又改用利诱办法，允诺发步枪 1000 支，将杨虎城部扩充为一个团作为交换条件，让杨虎城交出这几位同盟会会员，也被杨虎城一口拒绝。

杨虎城团结反陈的力量，为当时的陕西各友军所称道。

袁世凯称帝失败后，孙中山回国。1917 年，段祺瑞在张勋复辟后"再造共和"，废止了 1913 年选出的国会。身在上海的孙中山展开护法运动，亦称"三次革命"，号召国会议员一起到广州，召开国会非常会议，组织护法政府并就职为"大元帅"，誓师北伐。

陕西省以于右任、井勿幕为首的进步人士积极响应护法政府的号召，建立了靖国军，设总司令部于三原县，与陈树藩对抗。杨虎城率所部参加了靖国军。

这是一个特殊的起点。日后靖国军之所以历经坎坷，最后成为一支在护国护法运动中起着生力军作用，并无论时局环境怎样恶劣，这支部队的大旗一直屹立不倒，和杨虎城的坚定与坚持不无关系。

是的，历史不是某个人的，历史车轮也不会因为某个人而扭转它的方向。但是特定时期的特定人物，对历史的走向和脉搏的把握，的确起着特殊重要的左右作用。

再说广州新组建的护法政府，真可谓革命尚未成功仍需努力，没过多久护法政府便逐渐由桂、滇系军人所控制，孙中山也属实力有限，甚至出现"政令不出士敏土厂（大元帅府）"的情况。

这一时期，杨虎城在他的戎马生涯中，进一步迫切感觉到学习文化知识的重要性。

杨虎城开始有意识地结交一些知识分子，并请他们为自己讲解各方面的知识，丰富头脑，开阔眼界。更重要的是他通过这种方法，不断加深对中国政治形势的认识，并逐渐接受了孙中山的三民主义。他在部队中，吸收了一批进步的知识分子，如留日学生韩望臣、张瑞卿等人，并以他们为主，组成"广益社"，每周定期向部队官兵演讲中国社会政治形势和孙中山的革命理论，以提高部队的政治文化水平。

靖国军后期，在许多将领被北洋军阀收编的

△ 民国护法军政府发行的军事内国公债券

情况下，杨虎城和他的这支部队之所以能够大旗不倒，坚持始终，同他本人比较注重学习和教育部队是分不开的。

◁ 1919年病后的杨虎城

革命旗帜不倒

(1917—1928)

→ 主靖国军

★ ★ ★ ★ ★

（24—28 岁）

仅一年之久，到了 1918 年 4 月，陕西便战事再起。

1917 年，陈树藩为加强北洋军阀在陕西的统治地位，引进镇嵩军刘镇华入陕。北洋政府发动了"八省援陕"。陈树藩倾其大部兵力，由渭南县固市镇向西进攻，意图冲破临潼县的关山、相桥一线，直趋靖国军中心的三原、高陵。

靖国军活动于 1917 年 12 月至 1922 年 5 月，是各地反北洋军阀的重要军事力量和政治力量，它响应孙中山发动的反对北洋政府废弃《临时约法》、解散国会和反抗北洋军阀政府独裁统治的斗争，前后坚持四年多，培养出了多位日后为国共两党效力的著名将领，如贺龙、杨虎城、邓宝珊等。

在 1918 年陕西这场战事里，靖国军中的杨虎城部队以不满千人，在关山东北的界方与陈树藩部万余之众鏖战六昼夜，虽伤亡过半，终于遏止了陈军的进攻，对靖国军的长期存在奠定了基础。在战后举行的追悼阵亡将士的大会上，于右任、井勿幕敬送了挽联：

> 百战功高，魂影归随秦塞月；
> 三军泪堕，哭声欲撼栎阳城。

在整个靖国军抗击北洋军阀的围攻时期，杨虎城的部队在关中地区东挡西杀，作战最多，也最为活跃。

1920 年 9 月，杨虎城经历了靖国军最低落但是也最坚持的时期。

直皖战争中，皖系段祺瑞垮台，以曹锟、吴佩孚为首的直系军阀，统治了整个华北及长江流域的部分地区，一时气焰很盛。直系军阀为了对奉系备战，对靖国军采取了分化与收编的政策。

一边是外力的冲击，一边是革命形势的受挫。靖国军本身也因连年战争，疲惫不堪，在此情形下，既慑于直系军阀的声势，又受到入陕直军的威胁，人心涣散，各部均希图自谋出路，提出了所谓"保存实力，以图再举"、"从权受编，忍辱待机"、"假途直军，另谋出路"等说法，为接受改编制造舆论。

一日夜，受编派摘走靖国军总司令部的牌子，靖国军总司令于右任不得不离开三原县城。

继靖国军中力量最大的第四路接受了收编后，其余各部也都先后接受了直系军阀的收编，纷纷离开了陕西。

这时，立场坚定、高举靖国军大旗的杨虎城成为了直系军阀重点"攻关"的对象。吴佩孚派人找杨虎城谈判，条件可谓丰厚，如可将原靖国军编为一独立旅，归吴佩孚直接指挥，视为嫡系，重点培养，但都被杨虎城拒绝了。所谓"保全人格"、"人各有志，各行其是"。

在此期间，孙中山先生也曾发来信鼓励靖国军说："……陕靖国诸君万不可稍自暴弃，功亏一篑。语云：有志者事竟成，

惟足下勉之。"极大地鼓舞了杨虎城和他的部队，也更加坚定了他把靖国军的大旗扛到底的决心。

杨虎城于是迎于右任到他当时所在的驻地武功，重新建立靖国军总司令部，杨虎城被任命为靖国军第三路司令。时1921年，杨虎城28岁。

于右任是杨虎城人生道路上一个重要的人物，亦是中国历史上一个关键的人物，同时也是一位政治家、辛亥革命的先驱、国民党元老，曾担任南京国民政府监察院院长等职。1949年时，于右任本想留在大陆，但被蒋介石派人挟持到了台湾，继续担任"监察院院长"等高职。

→ 蛰居陕北

　　1922 年，直系为最后消灭靖国军杨虎城部，派兵三万之众进犯武功。杨虎城在武功与之激战二十余日，虽迭获胜利，终因众寡悬殊，孤军作战，伤亡过重。

　　于右任提出"为了保存一点西北的革命种子"，遂决定向凤翔方向转移。同年夏，再由凤翔起步，杨虎城一边护送于右任由甘肃南部经四川去找孙中山请示办法，一边率部向陕北转进，依托井岳秀部保存实力，以待后命。

　　井岳秀是井勿幕（同盟会创始人井勿幕，是陕西最早的同盟会会员，孙中山的得力助手）之兄长，西北军的一位奇人，在关中颇有名，1905 年，井岳秀受其弟井勿幕的影响，加入同盟会，并一起创立同盟会陕西支部。他积极活动，先后参加了著名的"蒲案"、"西安起义"等反清运动。1917年，大总统黎元洪任命他为陕北镇守使，此后一直镇守榆林，人称"榆林王"，属于西北军中"一字并肩王"的地位。此人虽日后也成为西北小军阀之一，并有害民行径，但权力欲望不强，并不多扩张势力，这在军阀群中尚属凤毛麟角。杨虎城蛰居榆林时他曾仗义收留，待日后杨虎城作了十七路军总司令，并还是蒋介石的一个八十六师师长，他对杨虎城依然恭执部下之礼，毫无骄横之意。1936年农历一月二十日，井岳秀因手枪走火身亡。

▷ 井岳秀

再说杨虎城部，一路向陕北转进，直奔陕北镇守使井岳秀部。一路辗转，战事不断，歼灭了原为友军的现属敌人的部队，进入井岳秀势力范围内的延安。

陕北素称瘠苦之地，人口稀少，杨虎城部一路下来，其困难难以想象。

杨虎城率部队到了延安后，就派人去榆林见井岳秀。商议的结果是：一、杨虎城本人目标过大，使井不便对外，宜暂时脱离，住在榆林；二、部队改编为陕北镇守使署暂编步兵团，以李德升为团长，孙蔚如为团副，下编三个营；三、部队分驻定边、靖边、安边等地。

杨虎城的榆林生活，就这样开始了。

这一期间，孙中山被陈炯明赶离了广州。

孙中山的再度落败对杨虎城是一个沉重的打击。他开始思索：自己不能说没有为革命努力，但为什么却一败再败？孙中山先生的三民主义是救国救民的良策，为什么总也实现不了？更重要的是，孙中山为什么也失败了？

到榆林不久，杨虎城就染上了伤寒，健康受到严重损害，身体状况处于低潮。有时望见客厅里挂着的旧日靖国军的军旗，无限感慨涌上心头。

杨虎城在陕西靖国军时期的奋斗历程，在他的革命生涯中写下了光辉的篇章。杨虎城在靖国军中屡建战功，并在经济很困难的情况下支持文化教育事业。当陕西靖国军面临生死存亡

▷ 杜斌丞

之时，他坚决支持孙中山先生和靖国军总司令于右任的主张，临危受命，坚持斗争，直至靖国军失败退守陕北。

在榆林住的时间长了，杨虎城除与井岳秀密切接触外，还结识了这里的社会名流，其中印象最深的一个人就是杜斌丞，还结识了另一个对他走上革命道路起了重要作用的人——魏野畴。

杜斌丞（1888–1947）原名丕功，字斌丞，自署秉诚。陕西米脂人。教育家和政治活动家，中国民主同盟早期领导人。1917年在陕北联合县立榆林中学任教务主任兼史地教员；1918年任校长。支持学生爱国运动，鼓励学生为国效力，为发展地方教育，他还倡议、支持兴办了米脂高小、米脂三民二中、榆林女子师范、绥德省立第四师范、延安省立第四中学等学校。杜斌丞一生不断坚持革命。毛泽东曾称赞他是"中国共产党的忠实朋友"。周恩来评价他是"鲁迅式的党外布尔什维克"。1947年10月被蒋介石、胡宗南杀害于西安。

魏野畴（1898-1928），中国共产党早期的优秀党员和宣传活动家。陕西兴平人。1919年参加五四运动，在陈独秀、李大钊等人的影响下，开始学习马克思列宁主义。1920年参与创办《秦钟》杂志，宣传新文化。1923年初经李大钊介绍加入中国共产党。同年春到榆林任教，在青年学生中广泛进行革命宣传。杨虎城就是在这一时期与魏野畴相识并结为深交的。魏野畴后来对杨虎城走上联共抗日路线起了非常关键的作用。1925年5月和7月，先后领导了驱逐直系军阀吴新田和反对教育界封建顽固势力的群众运动。接着又参与了国民党陕西省党部的筹建工作。这期间他所创办的《西安评论》成为当时陕西宣传革命思想、促进革命运动发展的重要阵地。1928年4月8日组织领导了皖北暴动，4月9日在率领起义队伍转移途中被捕牺牲。

⟶ 回师关中

（30—32 岁）

在杨虎城蛰伏榆林的这一段时间，历史仍然一如既往地大步向前行进着。

1923 年下半年开始，孙中山先生在共产国际和中国共产党的帮助下，逐渐形成了联俄、联共、扶助农工的新三民主义的主张。1924 年 1 月，在广州召开中国国民党第一次全国代表大会，国共合作正式实现。全国革命形势高涨，一场革命的狂飙即将涌起。

蛰居在榆林的杨虎城，为这新的气息所感染，积极做好投入这一革命洪流的准备，对部队重新加以整训，还和孙中山取得了直接联系。

杨虎城从辛亥革命前后，一直到靖国军

时期，实际上都是在于右任、井勿幕的领导之下从事革命活动，和孙中山没有过直接联系。于右任离开陕西后，即在国民党中央任职，没有再回陕西。为了取得与国民党中央的联系，杨虎城曾派姚丹峰到上海见孙中山报告请示。孙中山对杨虎城的坚强意志深表赞许，并指示无论如何要保存革命武装，以待后命。

1924 年，国民党第一次全国代表大会在广州召开，杨虎城亦派姚丹峰为代表参加会议。孙中山接见了姚丹峰，详细询问了杨虎城的近况，并为杨虎城正式办理了加入中国国民党的手续。

杨虎城在陕北，蛰居着，准备着。

一次，杨虎城向井岳秀提出了一些训练、建设和改造部队的想法，得到了井岳秀的赞许。杨虎城于是接着提出要在安边举办一个教导队，井岳秀没反对，安边教导队就筹办了起来。杨虎城聘请了赵寿山、段向武、刘光甫等受过专门军事教育的人担任教官，学员都是派人到关中地区招考的青年学生，有一百二十人之多。其中大部分是中学程度，也有一小部分是高小程度。

1924 年秋，安边军事教导队正式开学。孙蔚如兼队长，刘光甫任教育主任，赵寿山、段向武为副队长，除讲军事知识外还讲授一些革命知识，张汉民、孔从周、刘威诚等当时都是学员，后来他们都成为了杨虎城部队的高级将领和亲信骨干。赵寿山后来回忆说："我在保定军官学校毕业后，在北京南苑冯玉祥的检阅使署任少校参谋兼军事教官，当时帝国主义的气焰甚为嚣张，早闻杨虎城先生颇有革命的爱国精神，尤其是在陕西靖国军瓦解之后，能毅然不屈，坚持革命，深受感动。为了以西北为根据地，背靠苏联，进行革命，振兴国家，我于1924年春，携同保定军官学校毕业生刘光甫、段向武等步骑炮工人才到三边，参加了杨虎城的队伍。"安边教导队培养了一批有文化基础的军事骨干，对于杨虎城部队后来的发展起到了重大作用。

在榆林，杨虎城与他的部队还做了一些利民的好事。陕北地区原本就很贫瘠，一下增加了杨虎城部队一千多人马的供给，地方财政很困难，老百姓负担也很重，不能保证正常供应，部队生活很艰苦，时有粮断炊停的情况出现。为了减轻当地人民的负担，保障部队的正常供给，杨虎城了解到陕北花马池盛产岩盐。

北洋政府当时在甘肃盐池县（现属宁夏）设有管理机构，派有盐官，设有盐卡，征收盐税，这也是北洋政府的一个重要财源。杨虎城派部队去赶走了盐官税警，准许群众自由贩卖；同时夺取了一笔可观的税款，作为部队的费用，大大减轻了人民的负担。在保障部队的低标准供应后，杨虎城还将一部分钱用于当地的教育建设。两年间办了完全小学三处、女校一处、汉蒙学校一处。为了提倡新思想反对封建陋习，驻定边的杨部营长姬汇伯与王县知事共同发表布告厉行剪发绽脚："按户查验，倘有缠足妇女和垂发之男子，除当即勒令放足、剪发外，并以相当之处罚。"部队还剿灭了多股骚扰地方的土匪，为当地群众所称道。

1924 年 10 月，冯玉祥、胡景翼、孙岳在北京联合推翻了直系军阀曹锟的政府，改称国民军，通电拥护孙中山，同时电邀中山先生北上，晤谈南北统一。11 月 5 日在北京驱逐溥仪出了宫。可此时陕西省的政权仍把持在北洋军阀手中。在这种形势下，井岳秀将部队随之改称为陕北国民军，并担任总司令。杨虎城审时度势，考虑自己的部队经过在陕北休整训练后，官兵素质有了提高，他的身体也已经康复，为了配合孙中山的北伐，应该打回关中去与盘踞西安的北洋军阀势力决一雌雄。他的这一决定得到了杜斌丞、魏野畴的支持。

1924 年深冬，杨虎城以陕北国民军前敌总指挥的名义，高擎国民革命军的旗帜，率领着原来自己的部队和由井岳秀部划编的左协中所率领的一支队伍，大约两个多团的兵力，冒着凛冽寒风，从天寒地冻的陕北挥戈南下，回师关中。

杨虎城率部浩浩荡荡从榆林出发，南下回师关中，并很快打败了北洋系刘镇华的"镇嵩军"及麻振武部，在渭北地区站稳了脚跟。

然而，1925年3月，孙中山先生不幸逝世。杨虎城闻知中山先生逝世十分悲痛，立即派专人到京志哀。在北京召开的追悼会上，陕西全省仅有杨虎城一人送了挽联。他还在驻地耀县举行大会，隆重悼念孙中山，成为当时陕西政治活动的一件大事。会后刊出了《总理哀思录》一书。

杨虎城在孙中山生前由于种种原因未能与之见面，成了杨虎城的一件憾事。但他通过对三民主义的学习与实践，成为了孙中山的忠实追随者。

1925年春，吴新田继任陕西督办。吴新田的第七师与陕西省第一中学学生因踢足球发生冲突，军人冲入学校，开枪打伤学生多人。全省青年学生纷起应援，掀起陕西青年反军阀的"驱吴"运动，并与全国的反帝运动迅速结合起来，声势浩大，杨虎城的部队也投入其中。

吴新田向汉中撤退，杨虎城率部追击，重创吴军，缴获甚多，使得关中西部的北洋军阀部队无力东犯，国民军第三军孙岳部得以顺利进入陕西。

孙岳入陕后任陕西军务督办，杨虎城编为国民军第三军第三师，杨虎城任师长。1925年冬，孙岳率部离陕东去，杨虎城仍留陕西。

这一时期的杨虎城，已经完成了与共产党人的第一次合作，并一直到西安事变前，这支部队内始终存在着中国共产党的组织，容纳了相当一批同情革命的进步分子。正是由于实现国共合作，使部队的政治素质有了很大提高，才使杨虎城率领的这支部队经受住了被围困八个月之久的艰苦卓绝的严峻考验。

→ 坚守西安

★★★★★ 　　　　　　　　　　（33 岁）

1926 年，面对大好的革命形势，直、奉军阀吴佩孚、张作霖十分恐慌。在共同利益的驱动下，他们联合起来反对革命。

"镇嵩军" 再犯关中

此时的广州国民政府积极组织北伐，而拥护广州政府的北方国民军就成为北洋军阀政府的心头大患。为了巩固北方，阻止革命军北进，吴佩孚一方面以其主力布防于长江一线固守，同时联合张作霖集中力量向国民军发动进攻。国民二军军长兼河南省省长岳维峻部在河南被北洋军打败，十万人马败退豫西。刘镇华趁机东山再起，恢复了"镇嵩军"的旗号，召集旧部、土匪、红枪会等扼守豫西函谷关，挡住了国民二军的道路。岳维峻指挥失误，使国民二军一败涂地。

3月16日，数万国民二军被迫缴械投降。"镇嵩军"在缴获了七万多件武器后，才放陕西籍的士兵过关回乡。李虎臣、邓宝珊、田玉杰等将领就是混杂在士兵中混过了潼关，回到关中的。为了彻底消灭国民军，吴佩孚委任刘镇华为所谓的陕甘剿匪总司令，以消灭陕西的国民军，清除其侧背之隐患。刘镇华在豫西纠集原"镇嵩军"旧部，以"打到西安去升官发财"为号召，组成了八个师，号称十万人的乌合之众，向陕西东大门潼关进发。

此时的陕军状况是：国民军第三军第三师杨虎城的部队，不隶属于国民二军，始终未离陕西，建制完整，战斗力较强。而其他陕军已力量分散，基本无从统一指挥作战。另外，陕西境内又有和刘镇华勾结的内应。因此，陕西东路门户——潼关，不战而为"镇嵩军"占领。

从潼关至西安300里间，敌军长驱直入，如入无人之境。到1926年4月初，刘镇华的"镇嵩军"很快占据了关中东部，并迅即向西安进发。

当兵临西安城下时，城内守军只有李虎臣所属国民军第二军第十师的一部分和陕西军第四师卫定一部的两个团，兵力共计不到五千人。且城里与刘镇华勾结的一部分大绅组织和"和平期成会"，已在等待迎刘军入城。

刘镇华所率领的"镇嵩军"，本是惯匪集团，所过之处，庐

舍为墟，西安以东各县人民，遭受了惨重的灾难。匪军的暴行，激起了陕西人民的愤怒。

杨虎城的国民军第三军第三师是当时陕军中力量最强的部队，而且和魏野畴领导的陕西进步力量有良好的合作关系。当其他国民军在撤退中被刘镇华截堵的时候，杨虎城立即放弃了在关中追击吴新田部队的任务，回军到三原和临潼、渭南河北地区，准备出兵通观，应援岳部被困之师。

西安告急

4月14日，"镇嵩军"向西安东郊发动攻击，西安告急。李虎臣派特使朱子敏连夜赶赴三原，向杨虎城求援。李虎臣在电话里对杨说："你来我就守，你不来我就走。"杨虎城遂与朱子敏、邓宝珊、田玉杰等进行了紧急磋商，魏野畴也参加了这次会议。杨虎城后来回忆说："这时，原在靖国军的许多进步将领和进步人士，聚集三原，和我商议，认为我们是一支训练有素的部队，要求我们与李虎臣联合起来，保卫西安，我召集了孙蔚如等高级军官会议，对当时国内军事政治形势作一研究，一致认为保卫西安，抗击'镇嵩军'对声援广东革命政府北伐，有重要战略意义，决定顺应全国革命趋势，拯救陕西，进军西安。"

杨虎城在军官会议上指出：敌人兵力虽大于我，而西安城高池深利于守不利于攻；且北洋军阀之间矛盾重重，只要我们能坚守半年，国内政治必有变化，我们就可以取得胜利。会后杨虎城留下李子高旅与田玉杰部共同防守三原、泾阳，为西安守城部队留下一个支撑点。命令其余各部迅速驰援西安。杨虎城首先派孙蔚如的第二支队，占领渭北通往西安的重要渡口草滩镇，准备船只，掩护大部队渡河。这时"镇嵩军"的先头部队也距离草滩镇不远了，他们也想占领草滩镇，截断交通阻止杨虎城部对西安的增援。为了抢占时机，杨虎城部主力冯钦哉、姬汇伯两旅连夜渡河。

4月15日，姬汇伯旅从西安北门入城，此时"镇嵩军"的部队开始了对东郊的攻击，占领了东郊的韩森寨，进至东关附近，情况十分危急。姬汇伯旅未及吃饭休息，立即开赴战场，经过一昼夜的英勇战斗，击退了敌人的进攻，将战局稳定了下来，西安渡过了第一次破城的危机。

4月17日，刘镇华亲率幕僚抵达西安东郊，设总司令部于十里铺。此时，"和平期成会"的几个士绅前往拜见，请其"稍缓入城，以便他们准备欢迎仪式"。当时，刘镇华认为，李虎臣在河南已是他手下败将，几千人就更不是他十万大军的对手；杨虎城部虽有战斗力，但军力充其量也就五千人马，在力量如此悬殊的情况下，杨虎城不应该来西安蹚这浑水，冒全军被围歼的风险。于是刘镇华下令全军休整三天。这三天，为李虎臣日后坚守西安赢得了宝贵的时间。正当刘镇华等着李虎臣退出西安城，他在隆重的欢迎仪式中进入西安时，突然闻报，交战部队中有带红帽圈的，大吃一惊。他知道这是杨虎城的部队进城了（杨虎城的部队一直保留着靖国军标饰的红帽圈），原来稳操在手的胜券已转瞬间在轻敌中丢失了。他立即下令对西安实行合围。

杨虎城增援西安

杨虎城率领幕僚和卫队等于4月18日由三原抵达西安，稳定了西安战局和民心，正式揭开了西安保卫战的大幕。他在进入西安时曾赋诗《丙寅季春痛感时艰偶作（三月初五入长安城时）》，充分表达了他当时的忧心与决心：

万姓倒悬我心忧，满地烽烟何日收？

联欢民众撑危局，扫尽群魔定神州。

从这时起，直到 11 月 28 日解围止，西安和外界完全失去联系。不只人的进出断绝了，由于那时部队还没有无线电通讯设备，连通讯联络也完全断绝了。在这长时期内，为了打通一条对外交通线，借以了解外面的情况，城内守军曾组织过几次突围，但终因受到敌人的强力拦击而没有成功。因此，只能根据最初所了解的总的国内政治形势和陕西人民的愿望，以革命的热情，坚持打到底。

西安是当时陕西的主要战场，包围攻击西安的兵力约七万人，而城内守军不足一万人。在敌众我寡、装备悬殊的条件下，杨虎城等人率众开始了长达八个月之久的西安守城之役。在这八个月中，几乎日夜均有战斗，其中以东关的地道战、东北城角之战、小雁塔争夺战、西北城外大白杨的突围战等战斗最为激烈，常至肉搏。在当时条件下，这样激烈的战斗是很少见的。

◁ 李虎臣

　　杨虎城进入西安后，遇到的首要问题是如何建立统一的指挥机构和有效的城防系统。当时，守城的李虎臣部、卫定一部和杨虎城部，战前分属不同的系统，从未在一起合作过。总兵力仅有八千五百余人，对外号称万余人。论实力，杨虎城部最强；论地位李虎臣曾是陕西督办，官职最高。

　　1926年5月10日晚，李虎臣突然失踪。顿时谣言四起，有的说李虎臣已经越城逃走，遂使人心惶惑不安。杨虎城闻讯非常着急，派人千方百计到处寻找，终于在5月17日才将李虎臣从他的前部下家中找到。杨虎城亲自上门陪同李虎臣回到家中，并与李虎臣密谈了半夜。杨虎城明确向李虎臣表示，只要李虎臣愿意坚守西安，他甘居其下，听李虎臣的指挥。由于杨虎城的坦诚和真挚消除了李虎臣的一些猜忌与顾虑，两人决定召开会议，解决统一指挥问题，加强团结，共同对敌。5月19日李虎臣主持召开了各方将领会议，会上杨虎城主动提议取消国民二军、三军名称，一律改称陕军；以李虎臣为陕军总司令兼第一师师长，杨虎城为副总司令兼第三师师长，田玉杰为副总司令兼第二师师长，邓宝珊为指挥，卫定一为副指挥兼第四师师长。与会将领一致通过了上述提议，并通电昭告全国。杨虎城为了表示与友军的一致，还主动取消了他的部队多年来军帽上边的红布圈。设立了西安城防司令部，负责维护城内社会秩序；成立了军警联合督察处，处理各种事务、纠纷。为了加强防御，明确职责，会议将部队重新进行了部署，并设立总粮台管理粮草。这些措施，对坚守西安，取得胜利，起到了极其重大的作用。

围城初始，刘镇华阴谋从东、北、南三面进攻，留出西关不动。自以为守城军队在他的攻击下会从西门败退撤出，届时就可消灭之。

不料到了5月15日，守城军队都没有任何撤出的动静。刘镇华这才把西门也围了起来。至此，西安陷入了四面包围之中。只是，城关附近的红庙坡、小雁塔等处仍为国民军所控制。西安四周相继成为战场，郊区民众扶老携幼，纷纷进城避难；城内民众因为缺粮，又欲逃往城外。城外的想进来，城里的想出去，这是西安"围城"的真实写照。

刘镇华围城后，依仗着优势兵力和阎锡山、吴佩孚的军火、空军支援，对西安发动了数次猛烈进攻。经过守城将士奋勇拼杀，浴血奋战，粉碎了敌人的企图。其中比较险恶的战斗有：1926年4月26日上午，"镇嵩军"向红庙坡一带的火烧壁、张家村发动进攻，而守城军队在此地区兵力薄弱防线辽阔，在与"镇嵩军"激战约一小时后便向南败退，"镇嵩军"占领了火烧壁，并乘胜向西关进攻。西关百姓纷纷逃往城里，致使西关至西大街一带秩序大乱。当时，李虎臣部团长李定五正在总部开会，接到增援的命令立即赶回部队，准备率领部队赶往增援。当他在返回部队途中，遇到了前来接他的护兵及二十多匹军马。

李定五骑上马带这二十人马赶往西关时，因麦子已长高，只闻枪声，分不出敌我。溃退的部队看到这一行人马飞奔而来，以为是骑兵来增援了，顿时士气大振，转头向敌人反攻。官兵努力，一鼓作气，不但阻止了敌人进攻，还夺回了火烧壁等处的阵地。激战到傍晚，缴获枪支一百八十余枝，俘虏敌官兵六十多人。

5月25日，"镇嵩军"集中数十门大炮，在猛烈炮火的掩护下，以重兵向杨虎城部守卫的东关和北关发动进攻，大批步兵扑到城下准备登城，杨虎城部官兵冒着敌方密集炮火英勇反击，经过五个多小时的激战，敌军终因伤亡过大而撤退。

为了不断打击和消耗敌军，守城部队还经常抽调精锐部队，利用夜幕为掩护，出城袭击"镇嵩军"。

8月以后，随着城里的粮食、弹药等逐渐匮乏，守军主动缩小了防御圈，放弃了城外的阵地，进城进行防守，敌军直抵城下，两军的距离十分接近。于是，双方基层官兵在战斗的间隙也有接触。

八月坚守

随着刘镇华的军事进攻在守军的英勇反击下遭到惨败，于是他将军事的重点由"攻"转为了"围"，企图从物质和精神上摧垮守军。1926年6月初，城外小麦成熟。刘镇华为了断绝城里的粮源，不管百姓死活，令部下放火焚毁了西安郊区十万多亩就要收获的麦子。一时间，"白天浓烟蔽日，入夜火光烛天"。

乡亲们眼看着辛苦了一年，即将到手赖以活命的粮食被毁，从心里痛恨刘镇华和"镇嵩军"，更加支持西安保卫战。坚守西安，粮食是主要的条件之一。以往西安城内存粮不多，都依赖外县运来。所幸围城的前一年，陕西小麦丰收，因地方战争频起，有钱人、地主等纷纷进入西安避灾，遂附带运入一大批粮食。所以在围城后过了五六个月之久，虽说粮价逐渐上涨，但尚有买卖。

而 7 月以后，粮食问题就十分严重起来。起初，是价格不断上涨，接着是有价无市买不到粮。为了减轻粮食压力，守军曾组织了几次掩护群众突围逃生的行动，都没有成功。到了秋冬之季，百姓冻饿倒毙街头的情况时有发生。由于缺粮，也发生了一些守军擅自闯入民宅搜粮的事件。为严肃军纪，维护百姓利益，守军总司令部布告全体官兵：严禁进入居民家中搜粮，违者严惩不贷。杨虎城手下的上尉副官赵文魁，因违反此项军规被枭首示众。杨虎城召集其部营以上军官讲话："北洋军阀祸国殃民，是人民的敌人，刘镇华是北洋军阀的走狗，我们抗击刘镇华，就是直接打击北洋军阀，也就是协助革命军北伐。我们坚守西安也是为西北革命军人争人格，我们一定要坚守到底，取得最后胜利。万一不幸西安被敌攻破，我部官兵必须坚守防地，与城共存亡，与敌巷战打完最后一颗子弹，流尽最后一滴血。我不要大家战死而我独生，我已下定决心，城破之日我就自戕于钟楼底下，以谢大家，以谢人民。"讲到此，声泪俱下，听者深受感动，许多人都流下热泪。他又说："我们革命是为救国救民，倘不顾老百姓，怎能算得革命。近来，各部队往往各派官佐到居民家中征粮，秩序太乱，这还能坚守西安吗？从今天起，各部队必须营长以上官长才准许征粮。倘有不遵规定，私自征粮者，在哪里查出，即枪毙在哪里。"从而刹住了部队入民宅搜粮的歪风。

守军绝粮后，李虎臣、杨虎城等将领将自己心爱的坐骑交给士兵宰杀充饥。而百姓们也到了无以果腹，"掘鼠罗雀"的地步。入冬以后，天气渐冷。每天都有数以十计乃至数百人倒毙在街头巷尾。就这样艰苦，广大官兵忍饥挨饿，依然坚守着自己的防线。刘镇华则一面采用军事和经济的手段对付西安军民，一面使用出分化、利诱、威胁等卑劣手段来。他先利用张益谦（陕西华县人，曾任财政司司长，因贪污甚多，逃往山东）持陈树藩的信来讲和。李虎臣允许见面，而杨虎城和卫定一都不同意。李虎臣与张益谦约定，让张从东梢门进城，并派人去接，杨虎城得知后便命令守军当看见张益谦人影出现时，即开枪射击，吓得张益谦狼狈逃遁，没有完成使命。

接着是城内劣绅褚小毖鼓吹"和平"，暗通城外刘镇华军为其刺探军情。被杨虎城发现后逮捕枪毙，镇压了投降活动。这是坚守西安时的一个重大事件，从此再无人敢提"和平"问题了。

9月26日，吴佩孚派飞机轰炸西安，并散发传单，分别悬赏十万元和五万元，索取李虎臣、杨虎城的首级。

10月24日，又有两架飞机飞临西安上空抛撒传单，进行挑拨离间、威胁利诱，但守城军民始终不为所动。刘镇华黔驴技穷，气急败坏。他得知杨虎城在城内守军中是最"死硬"的，而杨虎城又是个大孝子，对母亲极其孝顺的消息后，就像抓到了一根救命的稻草。四处派人搜寻杨的家人，企图以杨母来胁迫杨虎城就范，动摇其守城的决心。对刘镇华的阴谋，杨虎城不为所动。他下令，不许任何人在他面前提起有关他母亲的任何事情，违者重罚。

杨虎城的长子杨拯民日后回忆说："刘镇华派人到处搜寻祖母孙一莲。为了避难，当时祖母和蕙兰娘带着我正在由富平县向北同官（现在的潼关）转移。有一天，我们正奔波在路途中，突然遇到一小股兵士拦截盘查，和护送我们的卫兵交上了火，枪声乒乒乓乓。祖母把我抱到一个崖边，背靠着土岩躲避。祖母怕我的耳膜被枪炮声震坏，就用手将我的两耳紧紧掩住。过了好大一会儿枪声才平静下来。得知原来对方是井岳秀部划过来的由左协中率领的那部分队伍，他们正在巡逻。本属一家人却闹了个误会，虚惊一场。"

8月15日，杨虎城赋诗《夜雨述怀（丙寅七月八日）》：

> 敌垒四郊多，疮痍其奈何！
>
> 涤氛天有意，终夜雨滂沱。

8月20日赋诗《感时（丙寅七月十三日）》：

> 伤心痛苦，民国十五。
>
> 名虽共和，政愈秕腐。
>
> 莽莽神州，内忧外侮。

△ 西安革命公园内的革命亭

愿我同袍，努力奋武。

戡定大乱，万姓鼓舞。

9月21日赋诗《中秋望月有感（两首，丙寅八月十五日)》：

（一）

时雨新晴后，中秋登禁城；

冰轮乍涌出，星汉失光明。

（二）

烽火连三季，风物倍凄然；

骊山吐皓月，清辉满长安。

迎来胜利

由于西安军民的浴血奋战，拖住了北洋军阀的数万大军，有力地支援了南方的北伐战争，也为冯玉祥在苏联人和共产党人的支持下重新组建国民军争取了宝贵的时间。

在坚守西安进入后期极端艰苦的时候，陕西人民得到了虽然还很遥远，但确足以鼓舞人心的消息：一方面是北伐军节节推进，刘镇华的主子吴佩孚节节溃败；另一方面是冯玉祥、于右任自苏联归来，在苏联的帮助下，1926 年 9 月 17 日在绥远省五原县誓师组成国民军联军，冯玉祥部的国民军第一军全军参加了国民党，即日率军援陕，策应北伐战争。

冯玉祥部队中有苏联顾问随同作战。当援助部队中途遇险准备暂时撤退时，苏联顾问立即严肃地说：什么叫援军? 西安数百万军民被敌人围困了这么久，日日夜夜在盼望我们，我一失利就退却，将何以对被围困的军民?

援军仍坚持要退却，苏联顾问最后表示：我没有接到退却的命令，你要退却可以，请先把我枪毙了，否则，你就不能退却。

援军只好继续进攻。当时苏联顾问的这种精神，赢得了陕西军民的敬佩和感激。

就这样，援军在外的几度激战，加上城内守军的不断出击，到了 11 月 27 日晚，终于迫使刘镇华率部撤退。这一天晚上，西安城内的全体军民，兴奋得难以成眠。

11 月 28 日，天还不亮，西安男女老少欣喜若狂，不约而同

地走上大街，欢呼雀跃，坚守西安八个月的
战斗终于胜利结束了。

→ 出关北伐

★★★★★

（34 岁）

坚守西安的战争，遥相援应了北伐革命
战争。1926 年 7 月，广东革命政府发出《北
伐宣言》、举行北伐誓师的时候，坚守西安
的战争已有三个月；当北伐军在岳州、羊楼洞、
汀泗桥等战役激烈进行，也正是西安战斗正
酣之时；一直到北伐军完全占领武汉后一个
多月的 11 月 28 日，坚守西安才取得最后胜利。

坚守西安之战，是在杨虎城等国民党人
的领导下，在以魏野畴为代表的中国共产党
人和社会进步力量的积极参与下，在广大人
民群众舍生忘死的支持下进行的，并取得了
最后的胜利。在这场旷日持久的守城战中，

首先是杨虎城发挥了领导核心作用。他以谦虚和团结精神，促成建立了以李虎臣为首的统一指挥机构；他不拥兵自重，而勇挑重担，他所属的部队担任的防线最长、任务最重；几次凶险恶战，他都身先士卒，英勇杀敌，化险为夷；守城期间，局势多变，但杨虎城始终立场坚定，处乱不惊。

坚守西安的战争，拖住了号称十万之众的北洋军阀的"镇嵩军"部队，使吴佩孚不仅不能从西北取得大量人力物力的补充，并且使其侧背始终有芒刺之感，从而在战略上策应了北伐战争。

坚守西安是第一次国内革命战争的组成部分。

坚守西安胜利了，但是西安遭受到了严重的破坏：昔日繁盛的街市变为瓦砾场，军民由于伤亡饿冻致死的数以万计，白骨累累，疮痍满目。生者有待救护，死者有待掩埋。在战争最艰苦的后期，守城部队与军民因争夺食物，使军民关系受到了很大影响。一些"和平期成会"分子，又借机对杨虎城肆意攻击。

不久，所有军民遗骨，归葬于城内新辟的革命公园内，谓之"负土坟"，全体军民为死难者举行了隆重的革命大祭。杨虎城送的挽联写道："生也千古，死也千古；功满三秦，怨满三秦。"

面对西安战后的情景，杨虎城内心十分痛苦，12月初他只身秘密离开西安，避居谓北富平、三原一带的友人家中，以表示向西安军民引咎，也表明自己不想再干了。

杨虎城不回来，则驻陕总部形同虚设。

在此期间，于右任、冯玉祥或写信或派人恳请杨虎城回西安，

杨虎城迫于情势，于 1927 年 2 月 9 日再返西安。

经过冯玉祥、于右任、邓宝珊等人的几度敦劝，杨虎城就任国民军第十路（旋改军）总司令职。从这时起，杨虎城开始隶属于冯玉祥部。在红色五月里，率部东出潼关，参加北伐，受国民联军东路军总司令鹿钟麟节制，任东路军前敌总指挥。

然而，须臾数月，北伐军便以敌我军力悬殊，伤亡过重，露出落败之相。

到了这一年秋末，敌人全线反攻，加新由冯玉祥收编的刘镇华部第十一军姜明玉部在后方叛变，杨虎城部陷于进退维谷的境地。

1927 年 4 月 12 日，蒋介石背叛了革命，对共产党人大肆屠杀。6 月 10 日，冯玉祥与从武汉来的汪精卫、孙科等举行郑州会议，研究反共事宜。6月19日，冯玉祥与蒋介石会晤，举行徐州会议。7月15日，汪精卫等也向共产党人举起屠刀，轰轰烈烈的大革命运动失败了。国民党的新军阀集团开始联合起来对中国共产党员进行残杀。

冯玉祥自郑州会议后，开始公开支持蒋介石，共同反共。杨虎城拒绝执行此类的命令，从而保护了第十军内部的革命者。

◁ 杨虎城

就这样，在革命一时处于低潮，白色恐怖笼罩全国之际，杨虎城能收留大批共产党员并公开委以重任，表明他在大革命失败之后，已有跟共产党走的决心。

但是此间关于杨虎城申请加入共产党的问题，却一直悬而未决。

在国民党全面走向反动之后，他已经对国民党失去信心，认为中国革命只能在共产党领导下才能继续进行，并提出加入共产党的请求。

但是，八七会议之后，党内在纠正右倾投降主义错误的同时，"左"的指导思想逐渐占据主导地位，主要表现为盲动主义和关门主义。这种绝对化的思想方法，把一大批同情革命和同情共产党的中间力量关在革命的大门之外，并在一些条件不成熟的地区仓促暴动，造成革命力量的损失。

杨虎城在这种历史背景之下提出的入党请求，未能得到党的上级组织的批准。一方面不信任杨虎城，另一方面却要求杨虎城的部队起义，由此，杨虎城与中共皖北特委发生了分歧。当时，如杨虎城不参加起义而仍继续留在部队中，又必将对起义产生不利影响，甚至会使合作局面陷于破裂。特委当然不愿意出现这样的局面，杨虎城也极不愿处在这种以自己为中心的矛盾旋涡中。为摆脱此种尴尬，他向特委表示自己可以离开，用他的话来讲，即："可以丢开部队，而不愿使自己与中国共产党的合作关系归于破裂。"恰在此时，一个偶然的因素，促成了杨虎城的出走。

　　杨虎城部到皖北后，与冯玉祥的关系已成藕断丝连的状态。这时，南京政府不断伸来招揽之枝，动员其前往南京面见蒋介石。杨虎城认为可以借机暂时离开，以摆脱自己的困难处境，于是成行。

→ **东渡日本**

★★★★☆

（35 岁）

　　1928 年 4 月初，在魏野畴的领导下，以杨虎城的十军一小部，高桂滋的第十九军教导团的一部分，共约七个连左右，加上当地的一些贫苦农民，发动了皖北暴动。在太和与阜阳间的刘集建立了红色政权。但是，暴动很快就在四十九军和其他反动武装的围攻下，被镇压下去了。

　　魏野畴带领二十余人突围西去，在一个

△ 1928年杨虎城与夫人谢葆真在日本

叫老集的地方，被国民党收编的土匪部队逮捕，当天便壮烈牺牲。同年，党中央在上海出版的《布尔什维克》杂志上，以《吊我们的死者》为题，悼念了魏野畴同志。

杨虎城在上海得知皖北暴动失败，魏野畴遇难的消息后，沉默许久，最后流下了热泪。魏野畴是他结识的第一位共产党人，他从魏野畴身上汲取了许多有益的政治营养，1922年在陕北开始两人成为挚友，六年的合作肝胆相照、荣辱与共。他为保住了十军这支革命部队，日后能为国家民族做更多事情而庆幸，更为失掉魏野畴这位挚友与同志而悲痛。

政治希望的破灭，挚友的生离死别，使杨虎城受到很大的刺激，精神十分苦闷。同时其他各方面的情况又使他难于应付。

1924 年 4 月底，杨虎城在上海临时筹集了一笔路费，同夫人谢葆真和秘书一起起程赴日本。

这一时期，杨虎城化名呼尘，除少数陕西籍留学生外，从不对外接触。

他在决定去日本以后，曾这样说过："喊了多年打倒帝国主义，今日要到帝国主义国家去，借此机会，一定要好好地弄清帝国主义的内容，方不负此行。"

在日本的考察、学习虽然不到一年的时间，但却使杨虎城接触到并理解了一些帝国主义本质的东西。20 世纪末期，日本发生金融危机，田中内阁上台后，一方面以特别贷款缓和金融恐慌，一方面采取"对华积极政策"，即在中国实行军事进攻的政策。杨虎城在这里看到了垄断资本的日益扩张和广大劳动人民的贫困的两极分化；看到了日本军国主义者正在启动战争机器，企图用对外扩张解决这一无法解决的矛盾。

杨虎城在日本的收获是多方面的，这对于他此后的政治军事生涯，起到了重要的作用。同时他的身体健康状况，经过这一段时间的休息和调养，也达到了多年所未有的良好状态。

1928 年 5 月日本出兵山东，制造了"济南惨案"；同年 6 月日本又制造"皇姑屯事件"炸死张作霖，企图借机霸占东北。将这些事件与日本国内的各种矛盾联系起来，杨虎城清楚地认

△ 济南惨案中被日军残杀的济南军民

识到，日本帝国主义的对外侵略势不可免，而其发动侵略的主要对象就是中国。从这里他认识到中国革命与日本帝国主义的关系，这对于他树立起坚定不移的抗日爱国思想、在部队中坚持进行抗日教育具有决定性的作用。

1928年秋，蒋介石和冯玉祥间的矛盾日趋尖锐。在蒋、冯的暗斗快要明争的时候，这个名义上属于第二集团军的第十军杨虎城部，便成为蒋、冯双方都力图拉拢争取的对象。冯玉祥一方面主动把第十军原留在陕西的一部分开到山东单县，并命令驻安徽太和的部队移驻单县，合编为国民革命军第二集团军暂编第二十一师，归冯系山东省政府主席孙良诚指挥。另一方面命令部队派人去东京促杨虎城回国，还直接打电报促请杨虎城回国整顿部队。就在这个时候，蒋介石也给这位从未谋面的杨虎城打来电报，除慰问病况之外，并促其早日回国。

除此外，杨虎城的部队也先后两次派人到东京向杨虎城报告情况，请他回国。

在上述三方面的敦促之下，杨虎城于1928年1月16日回到上海，随即转往南京。

西安事变

(1929－1949)

→ 离冯附蒋

（36—37岁）

历史是一件很有哲学意味的东西。历史中的人更为如此。

自1928年冯玉祥和蒋介石二人换帖结成生死兄弟，到了1948年却彻底决裂成冤家对头。20年间，他们时而若即若离，时而你死我活。我们透过历史的尘埃，去看蒋介石与冯玉祥的结盟，可谓各怀心事。虽然称兄道弟，实则同床异梦。利益分配不均是埋下蒋、冯二人反目的种子，于是便有冯玉祥后来逢人便说："我可认识蒋某人了！我们死人，别人做官，真不是东西！"

冯玉祥和蒋介石在中国现代史上演出的这幕长剧，起伏跌宕，动人心魄。

杨虎城从日本回国到了南京。照当时军

▷ 冯玉祥

事系统来说，他的部队仍属于冯玉祥的第二集团军，而且驻在冯玉祥势力范围内的山东。因此，他到南京之后，立即去见冯玉祥。冯玉祥对他非常客气，谈到坚守西安有功于党国。指示杨虎城率部队开往胶东，准备剿办刘桂堂（即刘黑七）等匪部，听山东省政府指挥。

杨虎城在临沂整肃军队，全军面貌迅速改观，战斗力大大增强。1929 年 2 月，杨虎城亲自率领部队，全线投入剿匪战斗。

当时胶东土匪十分猖獗。资料记载称："惯匪刘桂堂有人枪六七千，盘踞沂蒙山，以莒县为大本营。张宗昌残部顾震有人枪四千，盘踞诸城一带。两股巨匪联合，在鲁南各县烧杀淫掠，无恶不作。"

数月间，杨虎城部队即荡平鲁南，彻底肃清匪患。长期受匪患蹂躏的鲁南民众重获安定，他们对亲民爱民的杨虎城热烈拥护，大加赞扬，以至后来闻听杨虎城要奉命离开山东的消息后，纷纷自发组织起来，进行苦心挽留。

冯玉祥此时发来嘉奖电："诸城，杨师长虎城弟鉴：……吾弟智勇兼胲，体用悉备。治军则严明丕著，作战则胜算独操。此次剿匪，鲁南勋劳，克举战胜，攻取所向无前，殪兹丑虏，歼厥凶魁。喜慰之余，弥深敬佩。着奖该师洋一万元，营长以上军官有殊功者，并准电报数人须给革命奖章……"

冯玉祥的此番嘉奖其实"用意不纯"，因为杨虎城所打垮的刘、顾等匪众，都有蒋介石颁发的委任状。所以剿匪对冯玉祥来说，无异于砍掉了蒋介石伸向山东的两只手。

蒋介石对杨虎城剿匪的速战神话刮目相看，"也派员前往视察，向杨表示好感，特加笼络"。个中玄妙机关暗藏其中。

这便还要说起之前杨虎城到南京，既没有也不便和蒋介石系统发生接触。到了他快离开南京的时候，有一天意外收到何应钦送来的一份请柬，约他吃饭。通过何应钦，传达给杨虎城如下信息：蒋介石对他如何关切及电促其回国的情况，还送了一份密电本，让他以后与南京方面多联系。

1929 年 4 月，蒋介石与冯玉祥的关系濒于破裂。冯玉祥遂下达"时局不靖，季节兵力，缩短防线"的命令，要暂编第二十一师向河南转移，但杨虎城未听命。

原因有三：

1.部队内部的大多数中上级干部，不愿跟冯玉祥的部队撤退。他们的意见是：冯玉祥对我们的态度和对一切杂牌部队的做法没什么两样，随同撤退，势必把我们置于外围做牺牲品。目前我们在胶东已能靠自己生存下去，因而反对撤退。杨虎城与冯玉祥的关系一直不很融洽，也早有脱离冯玉祥、另寻出路的打算。

2.胶东地区虽暂时得到安定，但原来的匪军残余等反抗势力，仍在胶济路沿线日本军占领地区活跃，希望伺机再起。他们一听到冯玉祥撤退的消息，立即活跃起来。

3.部队内部意见不一。

这个时候，何应钦打来电报，谓其杨虎城部应驻防原地，维持秩序，所有部队经费、番号问题，"中央当负责解决，诸希来京面谈"。杨虎城审时度势，赴北平谒见蒋介石，请示该师开石家庄的事宜。杨虎城见蒋后又被改变了军事任务。蒋介石为了防备冯军由河南荆紫关东出切断平汉铁路，威胁武汉。就把守备老河口的重要任务交由杨虎城部来担任，部队改编为国民革命军新编第十四师。

这支部队从此脱离了冯玉祥而附随到蒋介石的序列。

在 1929 年至 1930 年的一年多的时间里，杨虎城的部队参加了频繁的军阀混战。

1929 年 9 月，蒋冯战争爆发之前，杨虎城奉蒋的命令，率部由胶东开往河南南阳并兼任南阳守备司令，阻击向河南淅川、内乡进发的冯军，

▽ 冯玉祥、蒋介石和阎锡山的合影

取得胜利。

1930 年 4 月 1 日，阎锡山发表通电，在太原就陆海空军总司令职，宣布率军陈师中原讨伐蒋介石。同日，冯玉祥、李宗仁通电分别在潼关、桂平就任副司令职。历史上的蒋、冯、阎大战拉开了帷幕。

在一系列的混战中，杨虎城显示出了他优秀的军事指挥才能。他的部队在中原大战中先后扩编为第七军及第十七路军，杨虎城也先后担任了军长和总指挥等职。

⟶ 主持陕政

★★★★★

（37—41 岁）

1930 年，蒋、冯、阎中原大战的转折点，亦是杨虎城人生的转折点。

中原大战能够结束，很大程度上得力于

张学良起兵拥蒋。

1930 年 9 月 18 日，张学良通电拥蒋，旋即派东北军十二万人入关。蒋、冯、阎中原大战正在胶着之时，东北军大兵入关，双方平衡迅即倾斜。

1930 年 11 月 4 日，阎锡山、冯玉祥通电下野，至此，历时七个月的中原大战结束。大战中，蒋介石与阎锡山、冯玉祥双方投入兵力多达一百一十万，伤亡三十余万。战线东起山东，西至襄樊，南迄长沙，绵延数千里，战火席卷中原大地，生灵涂炭，不可胜计。

由于桂系在此之前的蒋桂战争中失败，在中原大战时已无能为力，因此东北张学良的态度成了双方胜负的重要砝码。蒋介石对张学良诱以海陆空军副总司令的头衔，1930 年 9 月 18 日，张学良通电拥蒋，并率东北军入关，在阎冯联军背后发起进攻，阎冯联军迅速瓦解，阎冯被迫通电下野。

杨虎城率十七路军追击冯玉祥军到达陕西时，蒋介石来电，嘱杨虎城准备组织陕西省政府。

在中原大战快结束时，南京政府正式发表了杨虎城为陕西省政府主席的任命。这是杨虎城及其部队从一个纯粹的军事集团转向兼管地方政治的开始，也是杨虎城从为蒋介石效力向与蒋介石斗争的转折点。

杨虎城于 1930 年 11 月 1 日抵达西安。这是他自 1926 年 6 月离开陕西参加北伐后，第一次返回故乡。陕西乡亲们对他的

▷ 少帅张学良

归来十分欢迎，各界人士筹组了欢迎大会热烈欢迎杨虎城。

在杨虎城刚到西安的第四天，11月4日，蒋介石即派郑州行营主任何应钦飞抵西安进行视察。何应钦对杨虎城说，蒋总司令希望你在西北整理五年，就是在五年之内，不至有什么变动。过去冯玉祥在西北的军事、政治、经济、文化等设施，一律由你负责接收整理，中央决不插手干涉。杨虎城听了这番话也很是高兴，这与他的计划相吻合。

但是蒋介石一贯是说一套做一套。杨虎城非蒋嫡系，更非亲信，蒋介石之所以把陕西省政府主席这个职务委任他，有以下两个主要原因：

一是当时冯玉祥军在西北尚有相当兵力，扼守潼关，仍希望能保住西北根据地，以图再起。

二是蒋介石为了对付冯玉祥，注意培养陕西军人，作为有朝一日军事反冯的工具。

1930年10月，杨虎城率十七路军击败潼关一线的冯军，进入西安后，就开始了他在陕西的执政时期。

杨虎城在抓紧陕西的社会与经济建设的同时，更推进他对政治民主、思想解放的想法。1930年在部队进入西安之始，他派南汉宸随先头部队入城，趁乱释放了冯玉祥时期关押的全部政治犯。其中绝大部分是进步人士和共产党人，如潘自力和蒲子政、徐梦周、刘继曾、李大章（李畅英）、景瑞卿、王友章等人。杨虎城主政后，为了宣传进步思想，任用进步人士先后办起了《西安日报》和《西北文化报》。这两份报纸在西安始终作为他的喉舌，在民主运动中发挥着导向作用。时任《西北文化报》社长的宋绮云后来和他一起被害。他还在学校里提倡思想解放、言论自由，培养学生的爱国主义思想。

杨虎城及十七路军进入陕西后，与蒋介石的矛盾就很明显地表露出来。从1930年底到1936年底爆发西安事变为止，蒋、

▷ 任陆军第十七路军总指挥的杨虎城

杨之间对陕西乃至西北地区的控制与反控制的斗争就一直没有停止过,广泛地表现于军事、政治、文化教育等各个方面。

蒋介石对杨虎城的控制首先表现在军事上。杨虎城部一入陕西,蒋介石即派顾祝同设潼关行营,负责西北的军事,以顾祝同为主任,率蒋介石的嫡系部队黄杰的第二师和陈继承的第三师进驻潼关、华阴、华县一带,遏制了陕西之咽喉部位。

1934 年，蒋介石为削弱杨虎城的势力，将四十九旅改编为新编第五师，从杨虎城部肢解出去。

蒋介石最担心的，莫过于杨虎城的势力向西发展，占据西北与自己抗衡。于是复制各种力量与杨虎城对抗，制约杨虎城。

杨虎城和蒋介石对西北地区的控制与反控制的斗争却远远没有结束，以至最后爆发为西安事变。

▽ 1930年11月，率部回陕的杨虎城（中立者）在西安东郊欢迎会上演讲。

→ 靠拢中共

★★★★★

（41—42岁）

　　九·一八事变爆发，日本帝国主义悍然侵占了中国的东三省。而蒋介石却命令东北军采取不抵抗主义，把大好河山拱手让人。同时，他提出"攘外必先安内，统一方能御侮"的口号，全力投入到"剿共"战争之中。

　　素有爱国思想的杨虎城，对蒋介石"勇于内战，怯于御外"的态度和做法十分不满。从此，对待抗日的态度问题成为他与蒋介石矛盾斗争的一个重要内容。

　　1933年3月，日军占领热河，进逼长城各口的时候，蒋介石到了石家庄。杨虎城曾经主动到石家庄见蒋介石，请缨参加抗战。蒋介石的表示极其冷淡，官腔一套，说什么中央自有整个计划等等，言外之意，竟认为

杨虎城多事。杨虎城从此意识到希望蒋介石抗战是靠不住的。

　　"我们不能跟着蒋介石殉葬，只有他干他的，我们干我们的。"这是杨虎城当时的结论，于是他积极参与了一些抗日反蒋的活动。

　　杨虎城和蒋介石的各种矛盾和斗争，到了1933年已发展到极为尖锐的程度。先是蒋介石对杨虎城多方施加压力，勒令杨虎城撤换省政府秘书长南汉宸，杨虎城迫不得已保护南汉宸秘密离开陕西。之后，蒋介石又以突然袭击的方式，撤销了杨虎城的陕西省政府主席的职务。

蒋介石对杨虎城采取如此的态度，这是杨虎城所不能忍受的耻辱。他曾说："官不做没有关系，这种做法太恶劣了。"这一事件更加坚定了杨虎城反蒋的决心。

在杨虎城与蒋介石的矛盾斗争中，另一个中心的问题就是对待共产党的态度问题。在大革命失败以后，杨虎城与中国共产党曾有过一段密切的合作。即使在杨虎城从日本回国、离冯附蒋之后，也一直认为共产党是中国唯一革命的力量。

在中原大战快要结束之时，杨虎城做出结论："中国的新军阀没有一个能斗过蒋介石，能同蒋介石斗的只有中国共产党。我们要同蒋斗，只有同共产党合作。"这一认识成为杨虎城在陕西执政时期处理与中国共产党关系的基本出发点。

1935 年春，东北军移驻西北，使西北的局面更加复杂化。

原本，蒋介石是指挥东北军、十七路军这些部队用以对付红军，希望这些杂牌部队能和红军互相残杀，抵消力量。

1935 年 9 月，东北军——〇师何立中在劳山与红军作战，全军阵亡。

中国共产党正确的俘虏政策，在东北军中产生了巨大的影响。

"剿匪"的形势如此，西北人民的认识如此，部队上下的情绪如此，蒋介石的用心如此，共产党的态度如此。于是，以张学良为首的东北军将领由原来认为红军"可以剿"，逐渐转向

"不可能剿"这样的认识。到1936年3、4月间，东北军的"剿匪"就演变为"明围剿暗不剿"，最后成为"明剿暗通"的局面。

1930年南汉宸回到十七路军以后，杨虎城和共产党的关系进入了一个新的阶段，也为日后杨虎城联共和发动西安事变打下了良好的合作基础。

东北军来到西北以后，杨虎城不能不考虑他和张学良的关系问题。杨虎城的希望，最起码必须做到张学良和他能够共存共处，使东北军不致危害他和十七路军的存在；而要进一步反蒋与联共，如不能得到张学良的合作，则困难很多。因此，自从张学良到西安以后，他力求用各种办法主动地和张学良接近，随时观察张学良的动向。

加强部队抗日政治教育，是张、杨两个部队与中国共产党合作的重要内容之一。1936年"两广事变"发生之后，张、杨就曾设想趁蒋介石应付陈济棠、李宗仁自顾不暇的时候，在西北举起"停止内战，一致抗日"的旗帜，并拟定了计划。

这一期间，杨虎城、张学良均已和中国共产党建立了合作关系，初步形成了西北大联合的局面。反对内战，共同抗日，已成为三方一致的方针。剩下的问题只是实现这一方针的时间和形式。

→ 西安事变

西安事变,还得追溯至红军第五次反"围剿"失败,被迫进行北征。

1934年10月,随着红军第五次反"围剿"失败,被迫进行北征。蒋介石逐渐关心起西南、西北地区来。10月12日,蒋介石偕夫人宋美龄和张学良一起驾临西安。这是蒋介石历史上第一次到西安,而且为了拉拢杨虎城,蒋介石到西安的第三天就专程到杨虎城家中,看望杨虎城的母亲孙一莲。尽管蒋介石又是打又是拉,终究未能改变杨虎城的基本政治立场。蒋、杨在抗日问题上分歧与矛盾随着红军到达陕西和东北军入陕日趋尖锐。

"剿匪"总司令部在西安成立前后,东

北军大批调入陕、甘两省。

西安事变前，中国的抗战形势已空前危机。一边是日军变本加厉的大举进犯，一边是蒋介石置外敌于不顾反投注大批兵力誓将"剿共"进行到底。民族、国家存亡于一刻，可谓千钧一发。

1936 绥远抗战

蒋介石还在 1935 年华北事变之际，就估计到日军西进的主要目的,是合围苏联,以应对苏作战之需。因此,最初蒋介石对绥远防御问题尚未给予足够重视,也不认为绥远有全面抵抗日本入侵之可能。

随着德王(内蒙古锡林郭勒盟苏尼特右旗札萨克亲王德穆楚克栋鲁普)越来越激烈地谋求分裂,加之意识到在日本威逼之下的冀鲁不稳,蒋介石开始重视绥远问题,故自1936年5月下旬起,蒋介石主动布置绥远抗战。7月间,阎锡山和傅作义因伪蒙军的进犯频繁而频频告急。蒋介石因两广事变无力北顾,乃告诫阎锡山、傅作义:此时唯有多置兵力于绥远前线,方有避战之可能。然而,当8月蒋介石得到消息称,日本军队将不会介入绥远冲突之后,对绥远危机处置的态度明显改变。他的计划是,侦知其后方司令部与集结所在地,出其不意猛力袭击,再退回原防固守,则匪伪以后必不敢轻来矣。

蒋介石的想法未能得到晋绥将领的支持,加之8月24日和9月3日先后发生日本人被杀的成都事件和北海事件,日本政府态度顿趋强硬,军事上自不宜出战。因此他转而指示外交部长张群加紧与日本驻华大使通过谈判解决问题。9、10月间中日南京谈判未能取得缓和的效果,蒋介石再度考虑在绥远展开攻势,并为此开始调动中央军。最终,傅作义积极支持了蒋介石的意见,阎锡山等也大体表示服从。11月中旬,傅作义率部取得了百灵庙大捷。蒋急于扩大战果,却遇到阎锡山等人的反对。正在讨论中,忽然传来日本"关东军"决心干预的公开声明。鉴于进攻时机已失，蒋介石遂顺水推舟，将绥远战事的决定权交予阎锡山，自己则去了西安。

督战西安"剿共"

日军进犯绥远，民族危机空前严重。而蒋介石却将重兵调往西北"剿共"。一时，通往长安的古道上，兵车相望。蒋亲自坐镇西安，威逼张学良、杨虎城与红军开战。

1936 年秋冬之际，是蒋介石统治登峰造极的时候。在国际上，他取得了英、美等国的巨额经济援助及苏联的支持。在国内，他以惯用的分

▽ 参加绥远抗战的中国军队开抵平泉时的情形

化收买手段，很快解决了"两广事变"。同时迫使他的政敌汪精卫出国。特别是在中央红军被迫进行长征之后，用他自己的话来说就是："共匪与军阀之势力，已不足为中国之患。"尽管如此，他丝毫也未放慢内战的步伐，在"两广事变"平息之后，他便立即将大军北调，竭尽全力地策划和准备进行新的"剿共"战争。

经过了这些对内对外布置之后，蒋介石踌躇满志、不可一世的气焰达到了顶点。到这个时候，在蒋介石看来，只剩下对红军进行最后一次"围剿"，他的所谓"安内"的大业就要完成了。

满以为两个星期最多一个月的时间，便可以消灭全部红军，凯旋回京了。在蒋介石的整个军事部署中，东北军和十七路军的任务是"就地前进"。

计划已定，蒋介石于12月4日杀气腾腾地来到西安，连日分批个别召见张、杨以及张、杨的军长、师长等高级将领进行训话。蒋介石的训话和言词大意是，他的"攘外必先安内"政策如何好，"共匪"如何坏，"不成功便成仁"等一套说教。

在此之前，张学良于11月27日上书蒋介石，请缨援绥抗日，但却遭到蒋介石的拒绝。蒋介石至西安后，张、杨两人，时而张去，时而杨去，都曾对蒋介石做过婉转的劝告，希望能够停止内战，发动全民族的抗日。但是蒋介石对此置若罔闻，并对张、杨大加训斥，甚至提出如东北军、十七路军"剿共"有困难，则将东北军调闽、十七路军调皖，来对张、杨进行威胁。甚至还对张学良说，你就是用枪把我打死，我也不会改变我的主意。

△ 1936年10月22日蒋介石在西安视察部队。右为杨虎城，杨后是张学良。

事变前夜

人民大众奋起抗日，要求停止内战，中国向何处去的抉择，取决于西北事态的演进。

一浪高过一浪的群众救亡运动，激发和提高了东北军和十七路军广大官兵的爱国主义思想觉悟。杨虎城、张学良先后与红军达成合作抗日的协定，使西北的政治形势发生了根本性的变化。

到了1936年，蒋介石为配合向陕北的军事进攻，将特务机构更加大大加强了。西安事变前夕，南京政府在西安的反动机构多至120个单位，有武装的42个。各部队留守机关尚不在内。

总之，西安事变前，国民党特务布满了西安各个角落，以及张、杨部队的内部。

在发动群众运动并与特务斗争的事件中,以下几件比较重要。

其一,《活路》事件。1936年春, 东北军和十七路军的一些共产党员和进步人士经常聚会, 商讨如何在西北进行抗日救亡的问题, 并决定将这些谈话内容整理成文章, 出版一种不定期的内部秘密刊物, 广泛地宣传抗日。这个刊物定名为《活路》。经杨虎城同意, 该刊物在十七路军总部军需处的印刷所印刷, 采取严格保密措施, 按实印张数配给纸张, 夜间突击工作。但后来,《活路》的印刷出现重大泄密事件, 有两个曾在警察局做过事的工人, 在续印过程中, 事先带入同样的纸张, 将印好的书页替下夹带出去, 交给了军统特务, 领取了60元赏钱。杨虎城立即逮捕处死了这两个被特务收买的工人。

这次重大泄密事件, 很可能使特务了解到张、杨的政治倾向和主张, 特别是东北军与十七路军的密切合作关系。幸好特务们的注意力并没有放到张、杨二人的身上, 而认为是十七路军的人以东北军的口气写的, 密捕了与此事毫不相干的十七路军总部参议解往南京。

其二, 宋黎被捕事件。宋黎是东北大学学生会的负责人, 曾参与领导了一二·九学生运动。在张学良的邀请下, 宋黎等作为北平学联和东北大学学生会的代表来到西安。当时适逢张学良外出, 宋黎等受到冷遇, 而杨虎城却把他们视为上宾, 并请他们向十七路军的将领做讲演。

当宋黎一行到达西安后, 就被国民党特务盯上了。因此尽

▷ 宋黎

管有张学良的保护，但是西安的特务们在请示了
南京之后，仍然决定要对宋黎等人下手。终于有
一天，特务们在饭店将宋黎逮捕，准备解往南
京，路上适遇十七路军宪兵巡逻队经过，将宋黎
从特务手中夺下，连同特务一同带往宪兵营的驻
地。宋黎很快被张学良派人接回。

其三，发动和掩护群众进行抗日救亡活动。
这是西安事变前很重要的一项工作。当时，有两
个很重要的组织——西北抗日救国会改组为西北
各界救国联合会，简称西救；东北旅陕人士组织
成立了东北民众救亡会，简称东救。这两个组织
得到张学良、杨虎城的积极支持和掩护，在西安
的群众救亡工作中发挥了重要作用。

其四，追悼鲁迅的斗争。1936年10月19日鲁迅逝世，西安文教界进步人士在特务的多方威胁、破坏下，在杨虎城、张学良的支持下举行了隆重的追悼大会，社会影响很大。

其五，纪念坚守西安胜利十周年。1936年11月28日是杨虎城1926年率领他的部队坚守西安胜利十周年纪念日。由"西救"发起组织纪念大会筹备委员会。张学良闻悉也出席了纪念大会，大会的规模比原计划扩大了许多。

12月9日，西安学生在中国共产党的领导下，举行了轰轰烈烈的纪念一二·九一周年的爱国请愿运动，参加人数万余众。游行队伍，非常整

▽ 一二·九学生运动游行的学生

齐，沿途高呼："停止内战，一致抗日"，"拥护蒋委员长领导抗日"等口号。整个西安为之震动。似在为即将爆发的那场事变吹着号角。

箭已在弦

12月10日，张学良最后一次对蒋介石进行劝告。蒋一见张，就表示不愉快，最后蒋甚至对张拍案谩骂，之后走进了他的内室。张学良回来后把情况告诉杨虎城，让杨虎城再去一次，看看情况。杨虎城这时对凭嘴说服蒋介石不打内战已经失去信心，原已不打算再去见蒋介石。张学良坚持再去一次，杨虎城很认真地斟酌了措辞之后，前往华清池。他对蒋介石说，国家和民族不抗日是没有出路的，民众也都迫切要求抗日。对红军的问题可以商量办，宜采取政治方法解决，而不宜再对红军用兵。蒋介石极为傲慢，声称："我有绝对把握消灭共产党，我决心用兵。赤匪现在已是穷途末路，他们必须交出武器，听从政府的命令，遣散共产党。他们如果还顽抗的话，我们以数十倍的兵力三面合围，北边我已令马少云（鸿逵）派骑兵堵截，用不了多长时间，便可一举把赤匪赶到长城以北沙漠地区。他们在那里无法生存，只有瓦解投降一条路，剿匪大业的成功就在此一举了。你是本党的老同志，应当知道我们与共产党势不两立。消灭了共产党，我会领导你们抗日的。"

蒋介石在这次谈话中，虽然表面上的态度平和，而言词却

十分严厉，口气也十分坚定。杨虎城感到对蒋介石已经没有继续劝说的必要，便起身回去了。

张、杨再次交换了意见，认为劝告乃至苦谏、哭谏等软办法，都已无济于事。

这时，形势到了十分紧迫的关头。摆在张、杨面前的只有三种选择：

一、屈从蒋的淫威，参加"剿共"。但张、杨早已接受了中共的抗日主张并与之建立了极为密切的合作关系。重新与红军开战，不仅道义上讲不通，更重要的是势必造成异常亲痛仇快的大规模内战。

二、被迫把两军撤离西北，似乎可以暂时走出各种矛盾的旋涡中心，但是他们深知蒋介石决不会就此善罢甘休，轻易放过他们。

三、实行兵谏，扣留蒋介石，逼迫南京政府改变政策，发动抗战，挽救中华民族的危难。但这绝不是一件简单的事情，它需要有置个人毁誉和集团安危于度外的决心，有卓绝的胆识和超人的魄力。

张、杨两位将军向来以果敢坚决、敢作敢为著称。

虽然张、杨二人最后一次劝蒋是在 12 月 10 日，但他们初定发动兵谏当在 8 日左右。

震惊中外

张、杨几度交换意见，确定了扣蒋的时间、人选和部队等具体措施。在分工方面，扣留蒋介石原定由十七路军特务营担任，后考虑到临潼外围警戒由东北军负责，夜间行动易引起误会，改由东北军担任。十七路军负责西安市内和火车站、西郊飞机场等方面的任务，包括解除上述区域的一切蒋系势力的武装，扣留飞机和飞行员，扣留在西安的南京军政大员。

十七路军的准备工作和实际行动大致是这样的：

12 月 11 日，一切准备就绪，张、杨的有关部队进入指定位置待命。

11 日晚 12 时左右，张学良率领他的高级将领和亲信十余人来到新城（原为明代的皇城，以后改名为新城，有坚固的城墙，开东西南北四个门，出入方便，警戒又较容易。杨虎城的西安绥靖公署就设在这里，他和谢葆真也住在这里）杨虎城的住所，开始进行具体的指挥。

捉蒋部队事前已弄清楚蒋介石所住的华清池的道路、建筑情况，以及蒋和其随员、卫士的住所位置关系。趁天未亮便摸了进去。后因被蒋的卫士发现，开枪制止，东北军遂开枪还击。蒋介石的其余卫士，闻到枪声，还正在集合中，就被轻机枪扫射而死，连尸体都排列得整整齐齐。

蒋介石一听见枪声，惊惶失措，没有顾得穿衣服就向外跑，在他所住房子的东边，经人帮扶翻过围墙跑出去。山间的建筑物，往往是按地势的高低修筑围墙的。这里的围墙也是这样，在院内来看墙并不很高，爬上去比较容易，但在墙外却比较高，是深沟。蒋介石就这样翻过墙去，跌入一个满地荆棘的坑里，摔伤了腰部，还掉了一只鞋。

扣蒋部队进入蒋介石的卧室，没有看见蒋，

但是他的衣服还在，被子还像刚睡过人的样子，伸手一摸，余温尚存，茶几上一个杯子里还泡着一副假牙，情况证明蒋确实是在这里睡的，但是这会儿却丝毫不知蒋的去向。

杨虎城说："据我判断他跑不了，扩大搜索圈，继续查找。"在搜查中发现了蒋的侍从室主任钱大均，搜到虎畔石附近，蒋的秘书肖乃华听见人声接近了，伸出头来观察，刚一露头，就被打死了。蒋见形势不好，举起两手喊："我在这里。"白凤翔和孙铭九走上前去，看见蒋只穿件睡衣、一只鞋，蜷伏在虎畔石后面，面色苍白，全身哆嗦。白、孙叫蒋起来跟着走，蒋初疑是红军，问："你们是哪一部分军队？"白、孙答："是东北军。"蒋骤然又神气了，表示不愿走，看样子走也有困难。白凤翔脱下自己的皮大衣给蒋披上，由孙铭九背下山来。走到汽车边，让蒋上车，蒋死也不肯上，白、孙勉强把他塞进车内。蒋这时又怀疑是东北军一部分哗变，问白、孙："张副司令在哪里？"白、孙说："我们领你去见张副司令。"就这样，白、孙等把蒋介石送往西安。

至此，配合扣蒋的整个行动亦全面展开了。

发出"抗日"主张

12日上午10时，西安各报出了号外，扣蒋的消息传遍了全市。大街上挤满了人，人们一边走一边欢呼，青年学生更兴高采烈，成群结队地走在街上，不自觉地形成一股又一股的游行

△ 西安事变中蒋介石的办公室

队伍。一个人喊出口号，大家都跟着喊。"打到日本帝国主义"等各种口号都有。人们对南京政府统治的不满和久受压抑的抗日热情，如同开闸后的水流，一下子迸发出来。这种热情激荡的场面一直持续到天黑。

12 月 12 日，以张学良、杨虎城联合向全国发出了对时局的宣言，提出了抗日救国的八项主张……

这八项主张，成为西安事变的政治纲领。当时称为张、杨的八项主张。

半殖民地的旧中国，一切重大的政治事件都直接牵动着国际间的风云；而中国的抗日事业是世界反法西斯斗争的组成部分，其成功失败与世界人民的利益息息相关。西安事变的爆发，引起了世界各国的关注，也强烈地震撼了国民党政权的中枢。亲日派首先打起讨伐张、杨的旗号，部分国民党元老和蒋介石的嫡系随声附和，一时主战的鼓噪甚嚣尘上。四大家族为首的英美派从维持蒋介石的统治出发，则力求通过和平解决的方式来保住蒋介石的性命。于是，南京政府中出现了"戏中有戏"的暗斗。

各地方实力派的反应也十分活跃。

社会舆论更是纷纭不一。

不同认识、见解和主张的产生，在一定程度上反映了社会各阶层在民族危亡中政治态度上的种种差异。同时，与南京政府的封锁消息也不无关系。

西安事变后的形势，并不完全符合张、杨最初的估计和设想。

首先是苏联的态度，有如一盆冷水浇头。张、杨期待得到支持的一些地方实力派也见风使舵，态度暧昧。其次是由于种种不利因素，使南京政府在舆论宣传方面占据了主动和优势。第三是亲日派何应钦等执掌了南京政府军权，大规模爆发内战的危险与日俱增。第四是十七路军四十二师和东北军炮兵旅发生叛变，潼关为中央军所占。东路门户大开，西安以东已无险可守，中央军大批西进，军事上已处于被动。

和平谈判

12月17日，周恩来一行代表中共中央，乘张学良的座机抵达古城西安。

在西安，周恩来与张学良、杨虎城两位将军，这时已确定了三位一体通过逼蒋接受联合抗日主张、和平解决西安事变的方针。

三位一体的团结一致和密切合作，对稳定西安的局势，起到了重要的作用。

四方谈判。和平解决西安事变。

蒋介石的停战手令生效了，战争暂时停止下来。

经过两天的谈判，蒋介石基本接受了三位一

▷　1936年12月13日《西安文化日报》关于西安事变的报道

体停止一切内战、共同抗日的主张。英美派的切身利益，使得宋家兄妹在这场谈判中成为逼蒋抗日的积极因素。此时，放蒋已成定局……

张、杨对联共抗日这一基本方针，没有任何不同的意见。但在对蒋介石的认识和处理办法上，他们却大不相同。张学良以他对人诚挚坦诚的性格，满以为"君子一言为定"，蒋介石既接受了三位一体的主张，且有了所谓的"诺言"和"人格担保"，自不会说了不算。在事变中虽不免使蒋介石受了委屈，丢了面子，但只要他躬亲送蒋回南京去，蒋不仅表明"好汉做事好汉当"，还表明事变的目的在于挽救国家民族的危亡，不含有任何个人恩怨在内。

杨虎城的情况就不同了。他年纪较大，以一个贫苦农民经过长期复杂的斗争，政治经验比较丰富。自蒋介石上台以后，特别是 1929 年他附蒋以来，在他和蒋的直接接触和曲折斗争中，对蒋颇有认识。因此，杨虎城虽对放蒋问题并没有意见，但对如何放法，却认为必须严密考虑，绝不能轻信所谓"人格担保"，必须抓到蒋介石的辫子，才能使他有所顾忌而不至自食其言乃至回头来打击报复。

△ 蒋介石返回南京

中共中央及当时在西安的周恩来，也都不同意贸然放走蒋介石。

蒋介石到飞机场后，在上飞机以前还对张、杨说："今天以前发生内战，你们负责；今天以后发生内战，我负责，今后我绝不剿共。我有错，我承认；你们有错，你们亦须承认。"蒋介石再一次重复了他的六项诺言。最后还说："西北交给你们了，将来设一个西北五省统一的军事机构，由你们负责。"

尽管张学良的匆忙放蒋和轻率送蒋，成了西安事变中的一件憾事，也给他本人带来了终生的痛苦。然而，捉蒋放蒋的两周内发生的事情，却造成了中国近代史的一次重大转折。在东北军、十七路军和红军三位一体的共同努力下，在张学良、杨虎城、周恩来这三位伟大人物的领导下，西安事变和平地得到解决，逼迫蒋介石做出了让步。从此，中国走上了停止内战，进行全民族抗战的道路。

事变余波

当一个人连自己的言行都可以践踏，将注定成为某一方面致命的失败者。

蒋介石一到南京，便矢口否认了他的诺言，不但扣留了张学良，进而纵兵西进，企图以武力胁迫西安方面就范。

这激起了西安军民的义愤，新的动荡和不安出现了。狂飙暂住，余波未平。

△ 各界人士游行声援西安兵谏，支持抗日。

　　杨虎城在处理西安事变善后事宜的过程中，对蒋提出了四个要求，即：放张、撤兵、抗日和红军安置。其中又以"放张"最为迫切，这除因他在西安事变中与张学良结成了生死与共的关系外，也与他此时的处境有关。

　　杨虎城在这一时期，曾对人谈过他的苦衷。他说：事变不是我们一家干的，我们不能要怎么办就怎么办，必须考虑到东北军和红军的意见。红军方面还好办，有周先生在这里，随时可以商量解决。问题是东北军，上下既不一致，上层也各有各的打算。

　　杨虎城争取张学良返陕的努力均告失败，张

学良将被长期软禁已不可避免。

　　这一期间，蒋介石曾叫人给杨虎城传话说：
张汉卿要送我到南京来时，我劝他不要来，他
不听，一定要来，我也只好让他来。他来时，由
他也由我，但到南京想要回去，就不能由他也不
能由我了。对撤兵一事，蒋介石说：中央军西进
不是为打仗，而是恢复秩序，张、杨既然要我领导，
我就有调度之权。如果他们不听命令，我就要用

▷ 杨虎城

军事解决。

于是在东北军出现分裂、部队接受撤往苏北、安徽等地的提案、救张无望和中央军进入西安城之前，杨虎城曾一度离开了西安，到三原暂住。几日后在进驻西安的顾祝同的邀请下，再度返回。

再之后，艰难的第二次国共合作终于实现。全国抗日局面空前统一。所有身着戎装的中华儿女，奔向抗战第一线。而张学良依然被囚禁，转而杨虎城也被授意"辞职"……

当西安事变在中国社会政治生活中掀起的波澜逐渐平息，它所起到的重大转折作用，却长期影响着历史发展的进程。在历史的危急关头，西安事变促成了艰难的国共第二次合作。西安事变，是杨虎城一生中参与并领导的最为壮丽的事业，是他强烈的爱国主义思想的集中表现，是他与蒋介石矛盾发展的必然结果，也是他作为中国共产党多年的挚友所能为朋友作出的最大努力。从此，他必将作为一个伟大的历史人物而名垂青史。

蒋介石对西安事变的处理，表明他是一个睚眦必报的人。继扣留张学良之后，蒋介石开始对杨虎城采取一步又一步的进逼。在蒋介石的压迫下，杨虎城被迫"辞职"，出国"考察"军事。在报复张、杨这一点上，应当说蒋介石是一个"胜利者"。

杨虎城定于这一年的 5 月 27 日上午 11 时 35 分离开西安前往上海，然后出国。这一天的早晨，杨虎城要离开西安的消息传遍了全市，驻在西安城郊的十七路军部队、西安各个救国团体、各学校师生纷纷列队向飞机场集中。众多的市民自发赶到飞机场参加送别。部队和群众在前往飞机场的途中，一路高呼"拥护八项主张"、"停止内战，一致抗日"等口号。

飞机即将起飞时，群众的情绪达到了顶点。这样盛大的送别仪式在西安是空前的，表现出陕西人民高度的爱国热情以及对杨虎城的拥戴。杨虎城被这种真挚的场面深深地感动了。

但是，谁又能想到，这就是他与父老乡亲们的最后诀别。从此，他再也未能踏上这块养育他的土地。

作为炎黄的子孙，杨虎城在海外竭尽全力进行了抗日和反法西斯宣传；作为杰出的爱国将领，杨虎城曾无时无刻不盼望着能够走上抗日的沙场……

流离海外

1937 年 6 月 29 日，杨虎城偕同他的夫人谢葆真、次子拯中、随员亢心栽、樊雨农及翻译一行人，乘美轮"胡佛总统"号离开上海前往美国。当时到码头送行的亲友、部属、各界代表及上海的工农群众近千人，十分隆重。

此后的杨虎城——

宣传抗日，足迹遍布欧洲。

◁ 1937年，杨虎城（立者）在法国比央古华工招待会上演讲。

▷ 杨虎城与西班牙人民阵线将领合影

几个月后，他不计个人安危，坚持归国参战。

1937年11月21日，船抵西贡，杨虎城再次受到广大侨胞的热烈欢迎。

11月30日上午11时半，44岁的杨虎城乘机飞往长沙。送行的人高呼"欢迎杨将军北上抗日"等口号。谁能料到，从这一刻开始，这位抗日英雄在全国八年抗战中却失去自由，甚至无人知晓他被囚禁何处。

◁ 杨虎城与夫人谢葆真、儿子杨拯中在出国途中

→ 长期被囚

杨虎城身在海外，却向往着抗击侵略者的前线。谁知他踏上祖国的土地后，等待他的却是12年的集中营生活和惨遭杀害的悲剧。

1937年11月30日，杨虎城在特务监视之下，离港前往南昌去见蒋介石。

在戴笠的"陪同"下，杨虎城到了南昌，随即失去自由。而蒋介石根本不在南昌，这一切不过是一场骗局。

在南昌被软禁的几天中，杨虎城感慨甚多。

12月10日，戴笠借口敌机常来轰炸，城里不安全，请他立即上车迁往乡下，并不准人随行。杨虎城已知前途凶多吉少，临上车前，他镇静而又郑重地对一路随行的王根僧说："你要速返前方，晓谕十七路军官兵，要上下一心，全力杀敌！"

杨虎城离开香港后，谢葆真等于 12 月 2 日离港回陕。不久，杨虎城被蒋介石囚禁的消息传来，十七路军上下十分悲愤，各前线将领联名要求蒋介石放杨虎城回来领导他们抗日，但毫无反响。谢葆真为安慰杨虎城的情绪，照顾他的生活，明知此去凶多吉少，仍然要求前往陪同。

杨虎城被扣后长期的囚禁生活及被残害的过程，直到全国解放后才从特务们的交代中了解到一些。在军统特务控制下的集中营，其苛虐残酷是尽人皆知的。据一些特务的供状反映，被囚禁者的非人生活和所遭受的折磨是惨不忍睹的。杨虎城长年居住在终日不见阳光的潮湿山洞里，饭菜也十分粗劣。特务们还百般刺激折磨谢葆真，致使她精神恍惚，最后被迫害致死。杨虎城出国时，南京政府曾发给他一笔旅费，除五个月的国外生活所花费用外，还余一部分美金，这也成为特务们敲诈的对象。特务们经常克扣国民党当局所规定的极少生活费用及医疗费用，而勒索杨虎城自己出钱支付。杨虎城在贵阳时，一度患胆结石及牙病，都是由他自己出钱医治的。甚至在特务们以谢葆真有病强行隔离时，也要杨虎城自己出钱盖房子而从中赚钱。特务敲诈的另一手段是拉杨虎城打麻将。杨虎城对各种赌博都一窍不通，不会打麻将。以前，他遇到这种场合，总是尽可能避免，迫不得已而不能不为时，就准备输几个钱来应付场面。因此，他是每打必输。他被囚后，管他的特务知道他还有美钞而又不会赌博，便经常纠缠着他打麻将，借此骗去不少钱。

就是这样，杨虎城被囚的 12 年间，备受折磨，但他始终保持了崇高的气节。

在中国人民解放军渡江南下之后，蒋介石见大势已去而逃到台湾。惨败更刺激了他的报复心理。这时，他当然不会忘记他一直怀恨在心的杨虎城。当毛人凤向他请示杨虎城是否要解送到台湾时，他毫不考虑就回复："留了他做什么? 早就应该杀了!"他还亲自吩咐毛人凤要将杨虎城解到重庆秘密杀害。同时还布置了中美合作所的大屠杀。

根据蒋介石的命令，特务们将杨虎城、宋绮云及其家属，以及杨虎城的副官阎继明、张醒民等从贵州骗至重庆。1949 年 9 月 6 日晚，杨虎城被秘密杀害。这位民族英雄就这样牺牲在特务的屠刀之下，终年 56 岁。

被监禁的杨虎城未能实现在抗日战场上杀敌的爱国抱负，但在西安事变所产生的历史转折作用来看，他的救国夙愿却得到了最大的成功。他创建的十七路军，没有辜负他的期望，在抗日战场上作出了英勇卓绝的努力，并最终回归人民

△ 杨虎城的副官阎继明（左一）、张醒民（左二）、机要秘书宋绮云（中共地下党员、左三）。宋绮云与杨虎城同时就义。阎、张于11月24日被害。

军队的大家庭。

历史不会遗忘这些为民请命、舍身报国的英雄。当杨虎城牺牲的噩耗传来，神州为之痛悼，举国为之泪下。党和人民给了他极高的荣誉。他的光辉业绩将永远彪炳史册、激励后人。"杨虎城"三个字，也从此同岳飞、于谦、文天祥、史可法等一起，载入中华民族的英魂录。

⊙→ 悼念英魂

★★★★★

　　1949 年 11 月 30 日重庆解放，第二野战军着手调查杨虎城的下落。从逮捕到的当时在渣滓洞放哨的 11 名特务警察中，了解到一些线索，继续发掘，终于在 12 月 1 日发现了杨虎城将军的遗体……

　　英魂不朽，八方悼念志哀。

　　1950 年。

　　新中国成立的第二年。

　　一个新崭崭的历史的早晨。

　　1 月 30 日，杨虎城将军的灵柩运到西安。

　　西安各界以西北军政委员彭德怀、习仲勋为首，在西安火车站举行迎灵公祭后，把杨虎城将军及随同死难诸烈士的灵柩迎送到杨氏当年驻扎的新城广场安放。

1983 年，坐落在陕西蒲城县县城东槐院巷 29 号的杨虎城将军于 1934 年秋所建的宅院，被作为纪念馆，正式对外开放。

　　同年，中共陕西省委和陕西省人民政府，为了纪念这位杰出的爱国将领，在西安杨虎城的故居——止园，设立了"杨虎城将军纪念馆"，邓小平同志撰写了馆名。纪念馆收集了许多有关杨虎城的历史文物，供人们参观瞻仰。并修缮了杨虎城的陵园，叶剑英同志为陵园题了字：

　　"杨虎城一生的光辉业绩，永远为中国人民所怀念。"

　　悼念英魂——那个出生在 19 世纪末的陕西

◁ 杨虎城遇害处

"冷娃"，在战乱纷起中先后经受父亲早亡、少年早熟、抗暴革命、护佑一方、追随真理、舍生取义……最后留名千古。

世人的每一次再回眸，都是对英雄的最深怀想和精神追随。

后　记

西安事变后陨落的虎将

历史就静静地躺在那里，在时空的另一个纬度。

历史是一面镜子。有时幽静得仿佛是自它们发生时日起，便已悄然被尘封，再没有被风吹动过。

当张学良被幽禁的那一刻起，杨虎城的心灵软禁生涯就开始了。历史并没有直观呈现给我们看到这一幕。我们读到的、看到的，是稍迟一步的英雄人生、身影的彻底被封存。

是的，一路翻阅杨虎城将军的资料，历历再现。

一路透过纸页的沙沙声，我听见自己的悠长叹息。

后来我常对自己发问：政客的仇恨到底有多深？是否用"刻骨"可以说得？说这话时，时光已经走完了关于西安事变前后那段历史以及事变几个直接当事人的全部人生历程。杨虎城站在自己良心的位置上，尽自己所能去呼喊，倾自己之力去阻挡。他和张学良一起成为民族、国家的千古功臣的同时，成为了蒋介石的绊脚石。

其人其时其事，当被纳入英雄之于英雄追索的"帮助"，是为时代所赋予，是为历史所编程，是为警示讯。今天，在新的历史条件下，我们更要了解历史。

案头摆放一摞杨虎城将军的传记、文史资料以及其他各类相关文字读本。我知道合上这几万字的编著稿，我将很长一段时间内不允许自己再打开它们。我想对于一段历史，对于一个英雄人物的最好的理解，便是曾经无限近地走进过他们。

无数人，就这样再也看不到英雄；无数人，就这样只能通过这种后世续读的方式"看到英雄"。西安事变后，陨落的虎将，怎能忘记。